AF194982

Impressum
Verlag: BABADADA GmbH, Nedderfeld 112 , 22529 Hamburg
Geschäftsführer / Verlagsleitung: Harald Hof
Druck: Books on Demand GmbH, In de Tarpen 42, 22848 Norderstedt

Imprint
Publisher: BABADADA GmbH, Nedderfeld 112 , 22529 Hamburg, Germany
Managing Director / Publishing direction: Harald Hof
Print: Books on Demand GmbH, In de Tarpen 42, 22848 Norderstedt, Germany

sekolo
Šola

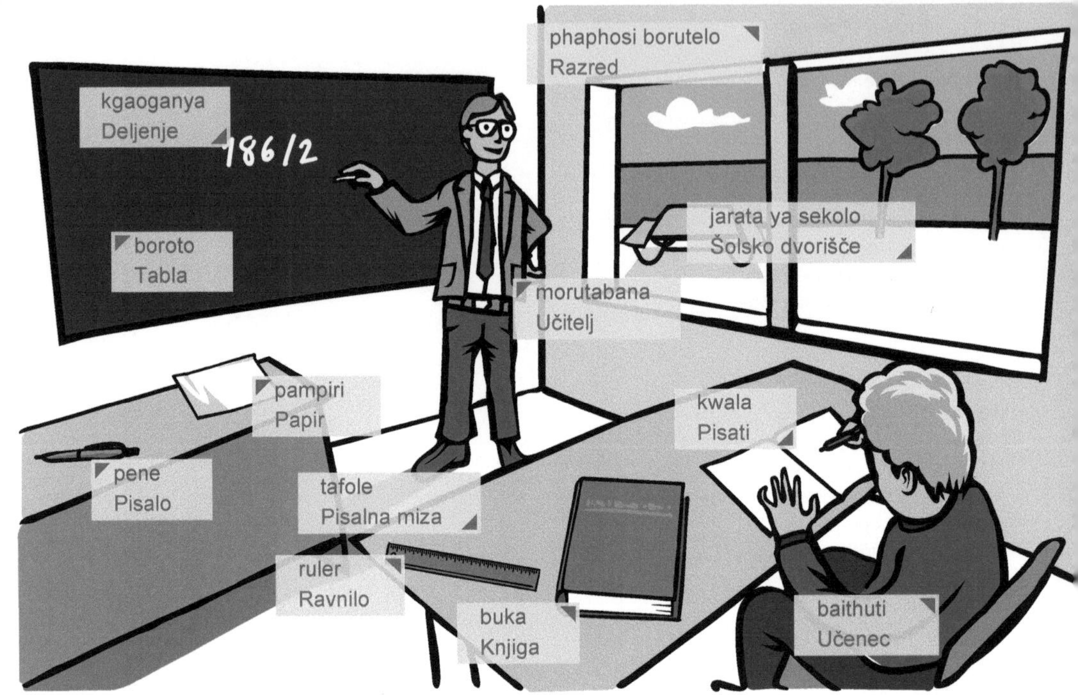
phaphosi borutelo
Razred
kgaoganya
Deljenje
186/2
boroto
Tabla
jarata ya sekolo
Šolsko dvorišče
morutabana
Učitelj
pampiri
Papir
kwala
Pisati
pene
Pisalo
tafole
Pisalna miza
ruler
Ravnilo
buka
Knjiga
baithuti
Učenec

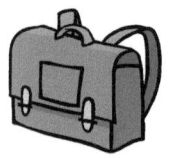

kgetsana ya dibuka

Šolska torba

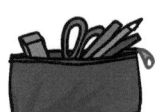

setsenya dipensele

Peresnica

pensele

Svinčnik

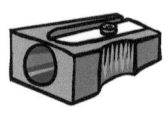

seseta pensele

Šilček

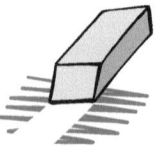

sephimola

Radirka

boto ya go torowa

Risalni blok

torowa

Risba

boratšhe jwa pente

Čopič

bokose ya pente

Vodene barvice

dikere

Škarje

sekgomaretsi

Lepilo

buka ya go kwalela

Zvezek

tirogae

Domača naloga

12

palo

Število

2+2

tlhakanya

Seštevanje

5-2

kgaoganya

Odštevanje

2×2

atisa

Množenje

khalkhuleitara

Računanje

A

lekwalo

Črka

ABCDEFG
HIJKLMN
OPQRSTU
VWXYZ

alfabete

Abeceda

lefoko

Beseda

mafoko
....
Besedilo ·

bala
....
Brati

choko
....
Kreda

thuto
....
Učna ura

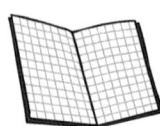

rejistara
....
Redovalnica

tlhatlhobo
....
Preizkus znanja

setifikeiti
....
Spričevalo

diaparo tsa sekolo
....
Šolska uniforma

thuto
....
Izobrazba

encyclopedia
....
Enciklopedija

unibesithi
....
Univerza

mikoroskoupo
....
Mikroskop

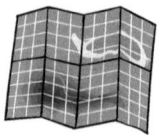

mmepe
....
Zemljevid

moteme wa dipampiri
....
Koš za smeti

eta
Potovanje

hotele
Hotel
Grand
hosetele
Hostel
ROOMS
kantoro ya go fetola madi
Menjalnica
CHANGE
sutukeisi
Kovček
sejanaga
Avtomobil

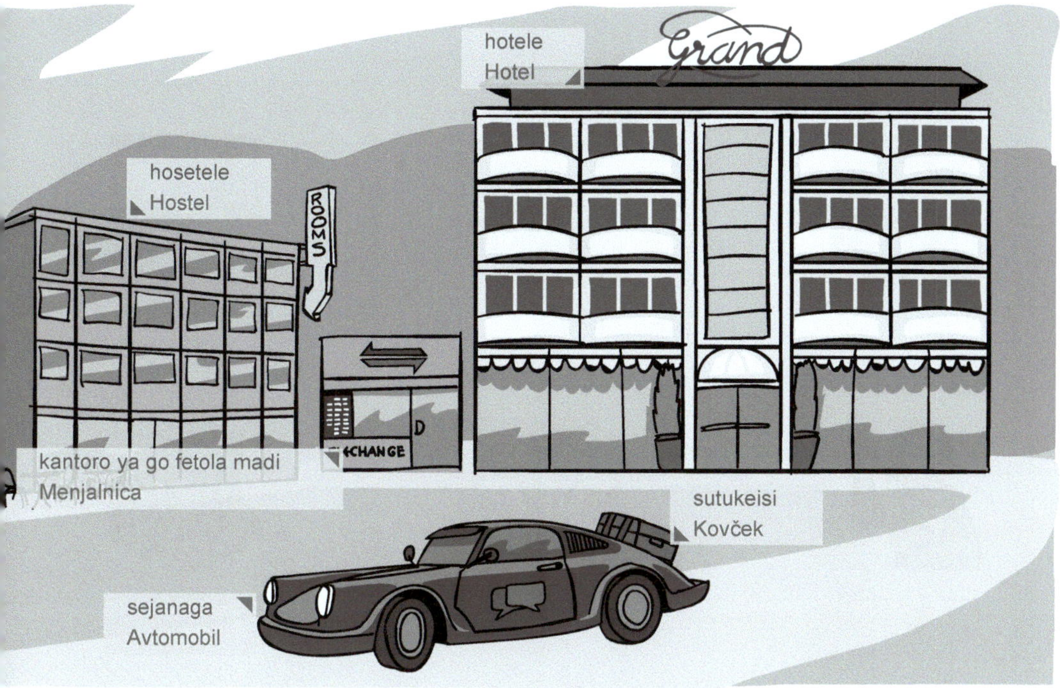

puo

Jezik

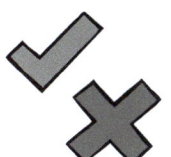

ee / nnyaa

da / ne

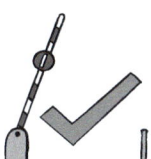

Go siame

Prav

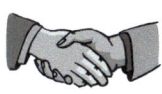

dumela

Pozdravljeni

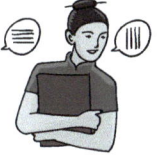

moranodi

Prevajalec

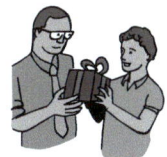

Ke a leboga

Hvala

ke bokae...?

Koliko stane...?

ga ke tlhaloganye

Ne razumem

bothata

Težava

O itumelele bosigo!

Dober večer!

Dumela!

Dobro jutro!

Robala Sentle!

Lahko noč!

tsamaya sentle

Nasvidenje

tsela

Smer

dithoto

Prtljaga

kgetsi

Torba

kgetsi

Nahrbtnik

moeng

Gost

phaposi

Soba

kgetsana ya go robalela

Spalna vreča

mogope

Šotor

tshedimosetso ya mojanala

Turistične informacije

lewatle

Plaža

karata ya go tsaya sekoloto

Kreditna kartica

sefitlholo

Zajtrk

dijo tsa motshegare

Kosilo

dijo tsa maitsiboa

Večerja

tekete

Vozovnica

lifiti

Dvigalo

setempe

Znamka

bodara

Meja

dingwao

Carina

embassy

Veleposlaništvo

visa

Vizum

lokwalo itshupo

Potni list

sepalangwa
Prevoz

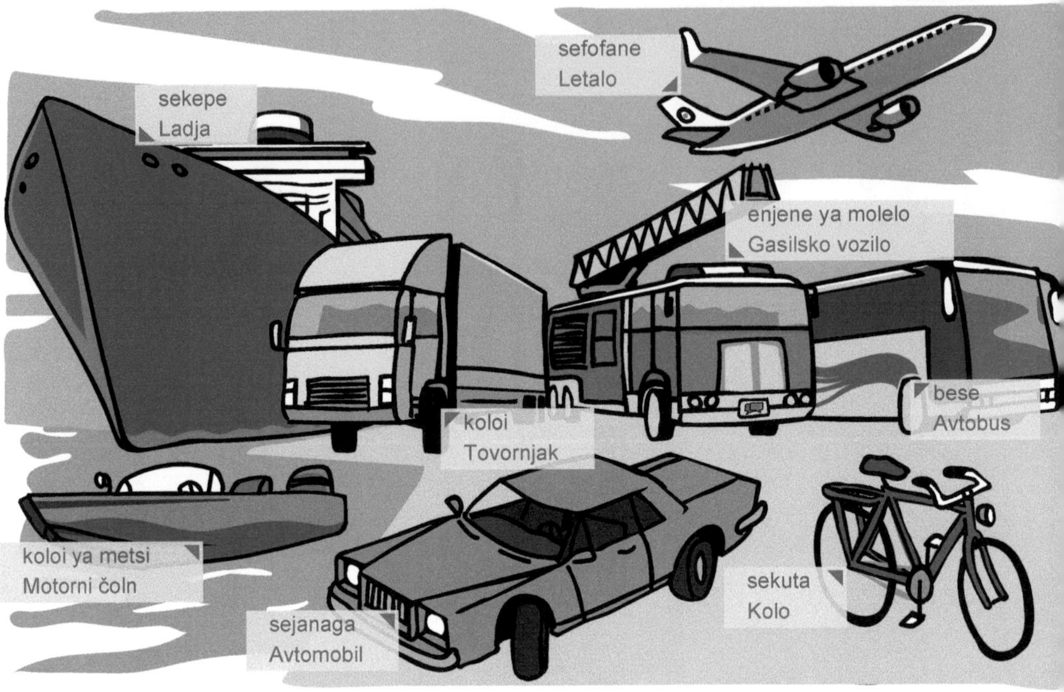

sefofane
Letalo
sekepe
Ladja
enjene ya molelo
Gasilsko vozilo
bese
Avtobus
koloi
Tovornjak
koloi ya metsi
Motorni čoln
sekuta
Kolo
sejanaga
Avtomobil

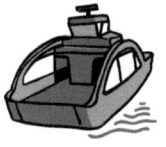

feri

Trajekt

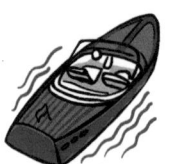

sekepe

Čoln

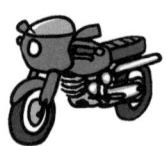

sethuthuthu

Motorno kolo

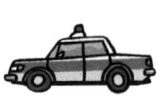

sejanaga sa mapodisa

Policijski avto

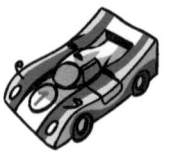

sejanaga sa lobelo

Dirkalni avto

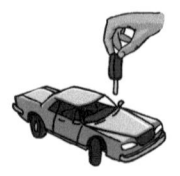

sejanaga se se hirilweng

Najeto vozilo

aroganya sejanaga

Souporaba avtomobila

koloi e e gogang dikoloi tse di robegileng

Avtovleka

koloi e e tsayang matlakala

Smetarsko vozilo

koloi

Motor

lookwane

Gorivo

seteišhene sa lookwane

Bencinska postaja

letshwao la pharakano

Prometni znak

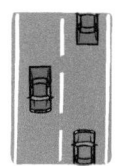

pharakano

Promet

pharakano

Zastoj

lefelo la go emisa koloi

Parkirišče

seteišhene sa terena

Železniška postaja

mela

Tirnice

terena

Vlak

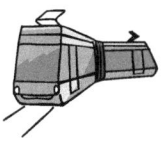

tereme

Tramvaj

kolotsana

Vagon

sefofane

Helikopter

boemeladifofane

Letališče

tora

Stolp

mopalami

Potnik

sekhafothini

Kontejner

bokoso

Karton

karaki

Voziček

basekete

Košara

go tsamaya / go fitlha

vzleteti / pristati

toropo

Mesto

motse

Vas

legare la teropo

Mestno jedro

ntlo

Hiša

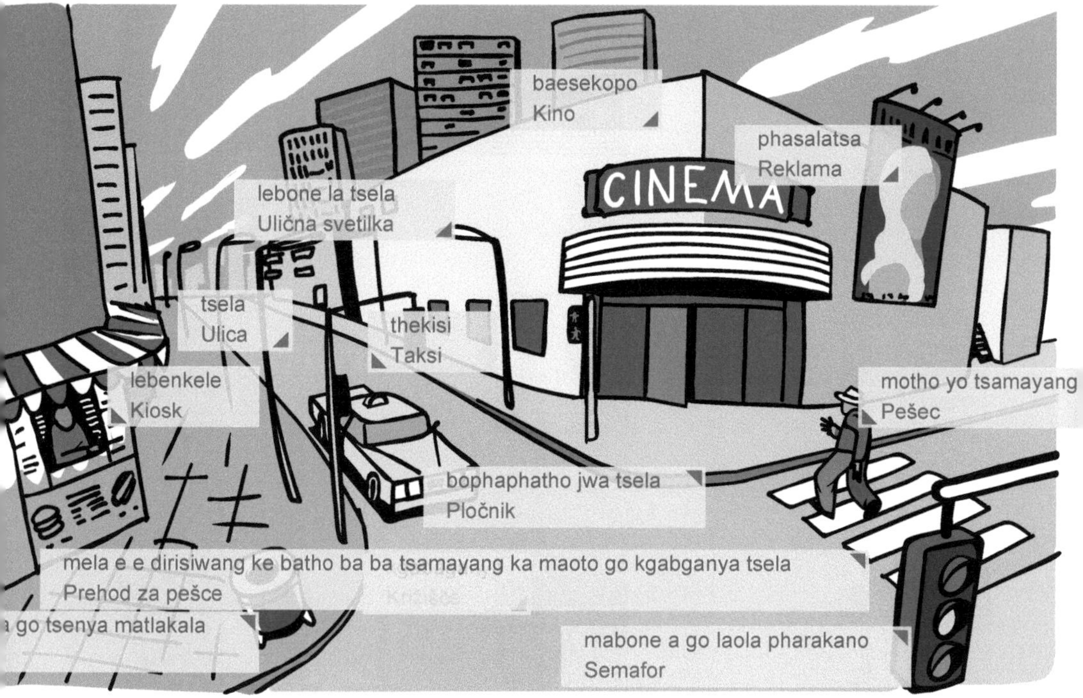
baesekopo
Kino
phasalatsa
Reklama
CINEMA
lebone la tsela
Ulična svetilka
tsela
Ulica
thekisi
Taksi
lebenkele
Kiosk
motho yo tsamayang
Pešec
bophaphatho jwa tsela
Pločnik
mela e e dirisiwang ke batho ba ba tsamayang ka maoto go kgabganya tsela
Prehod za pešce
a go tsenya matlakala
mabone a go laola pharakano
Semafor

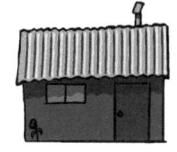

ntlo e e ruletseng ka bojang

Koča

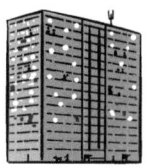

sephara

Stanovanje

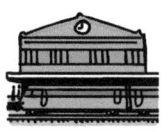

seteišhene sa terena

Železniška postaja

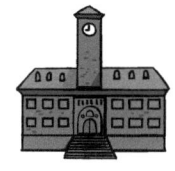

ntlolehalahala la toropo

Mestna hiša

MUSEUM

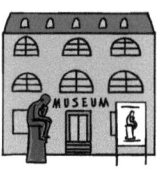

museamo

Muzej

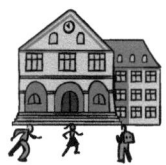

sekolo

Šola

unibesithi

Univerza

banka

Banka

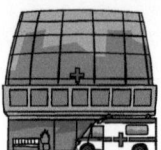

sepetlele

Bolnišnica

hotele

Hotel

lefelo la melemo

Lekarna

kantoro

Pisarna

lebenkele la dibuka

Knjigarna

lebenkele

Trgovina

batho ba ba rekisang
malomo
Cvetličarna

lebenkele

Supermarket

maraka

Tržnica

lebenkele la diaparo

Veleblagovnica

fishmongers

Ribarnica

moago wa mabenkele a a
mantsi
Nakupovalno središče

boema dikepe

Pristanišče

serapa

Park

banka

Klop

borogo

Most

ditepisi

Stopnice

kwa tlase ga lefatshe

Podzemna železnica

kgogometso

Predor

boemela bese

Avtobusno postajališče

bara

Bar

lefelo la go jela

Restavracija

lebokose la pose

Poštni nabiralnik

letshwao la tsela

Ulična tabla

mitara wa go emisa koloi

Parkirna ura

lefelo la go bonela
diphologolo

Živalski vrt

letlodi la go thuma

Kopališče

tempele ya mamoselema

Mošeja

polase

Kmetija

kgotlelelo

Onesnaževanje

mabitla

Pokopališče

kereke

Cerkev

lefelo la go tshamekela

Otroško igrišče

temple

Tempelj

boago jwa lefelo
Pokrajina

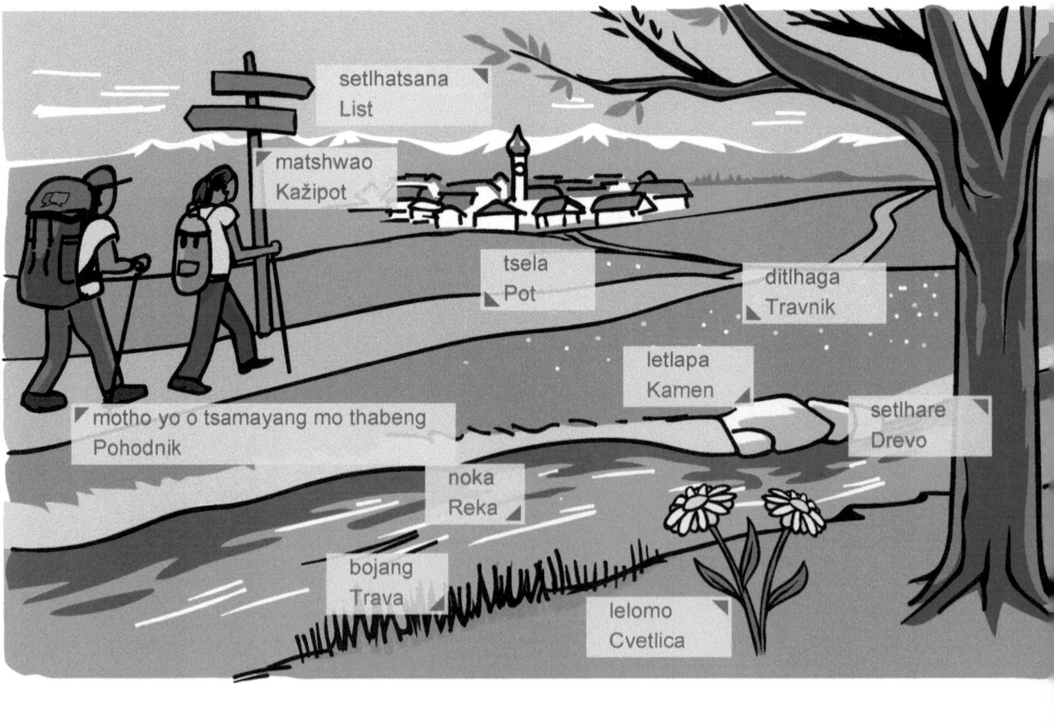

setlhatsana
List

matshwao
Kažipot

tsela
Pot

ditlhaga
Travnik

letlapa
Kamen

motho yo o tsamayang mo thabeng
Pohodnik

setlhare
Drevo

noka
Reka

bojang
Trava

lelomo
Cvetlica

mokgatša
Dolina

thatshana
Hrib

lekadiba
Jezero

sekgwa
Gozd

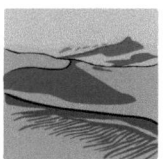

sekaka
Puščava

lekgwamolelo
Vulkan

khasele
Grad

motshe wa badimo
Mavrica

leboa
Goba

mokolana
Palma

montsane
Komar

tshenekegi
Muha

tshoswane
Mravlja

notshi
Čebela

segokgo
Pajek

khukhwana

Hrošč

segwagwa

Žaba

mosha

Veverica

noko

Jež

mmutla

Zajec

morubisi

Sova

nonyane

Ptič

pidipidi

Labod

dikolobe tsa naga

Divji prašič

kgokong

Jelen

moose

Los

letamo

Jez

sefetlhaphefo

Vetrnica

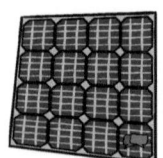

motlakase o o dirilweng ka
letsatsi

Solarna plošča

loapi

Podnebje

lefelo la go jela
Restavracija

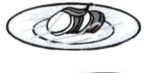

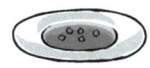

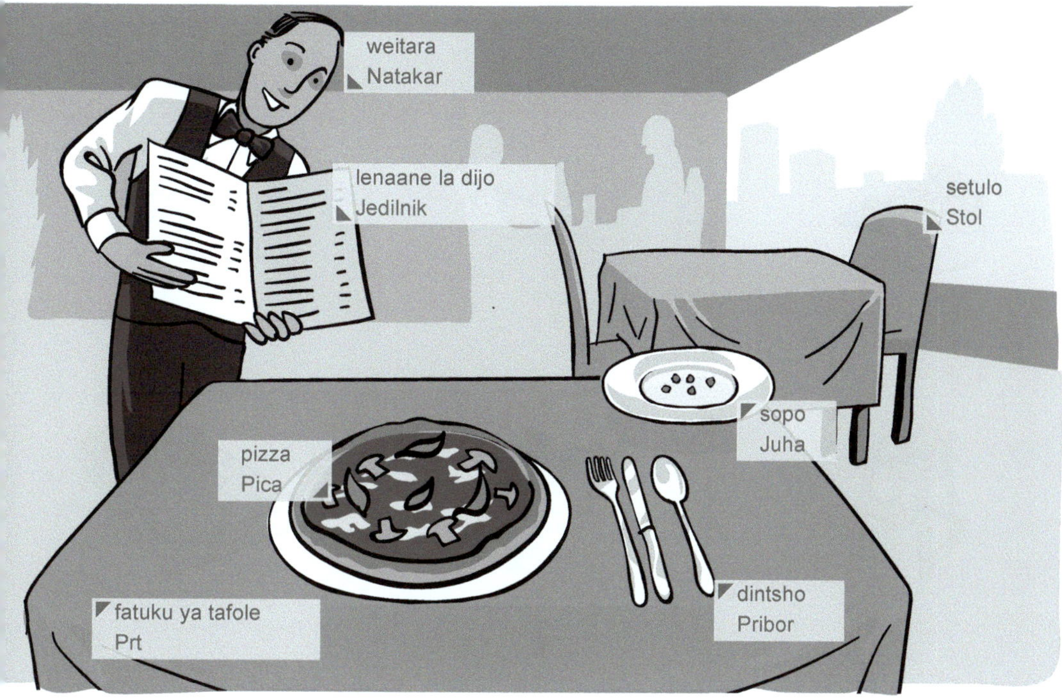
weitara
Natakar
lenaane la dijo
Jedilnik
setulo
Stol
sopo
Juha
pizza
Pica
dintsho
Pribor
fatuku ya tafole
Prt

sejo sa ntlha

Predjed

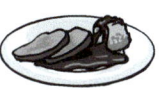

sejo sa bobedi

Glavna jed

dijo tse di naleng sukiri

Sladica

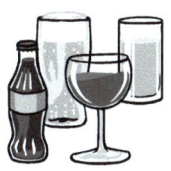

dino

Pijače

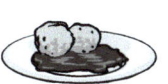

dijo

Hrana

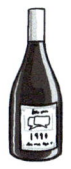

botlolo

Steklenica

dijo tsa mo strateng
....
Hitra hrana

dijo tsa seterata
....
Ulična hrana

ketlele ya tee
....
Čajnik

sejana sa go tsenya sukiri
....
Sladkornica

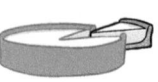

karolo
....
Porcija

motšhini wa espresso
....
Aparat za espresso

setulo se se kwa godimo
....
Stolček za hranjenje

tshupamolato
....
Račun

terei
....
Pladenj

thipa
....
Nož

forotlho
....
Vilica

liso
....
Žlica

leswana
....
Čajna žlička

lesela la go iphimola
....
Servieta

galase
....
Kozarec

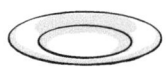

poleiti
Krožnik

poleiti ya sopo
Globoki krožnik

sosara
Krožniček

sopo
Omaka

sejana sa letswai
Solnica

sesila pepere
Mlinček za poper

aseini
Kis

oli
Olje

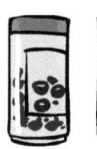

ditswaiso
Začimbe

tamati souso
Kečap

masetete
Gorčica

mayonaese
Majoneza

lebenkele

Supermarket

sesolo se se kgethegileng
Posebna ponudba
FOR
moreki
Stranka
dilwana tsa mašwi
Mlečni izdelki
leungo
Sadje
teroli
Nakupovalni voziček

BUTCHERS

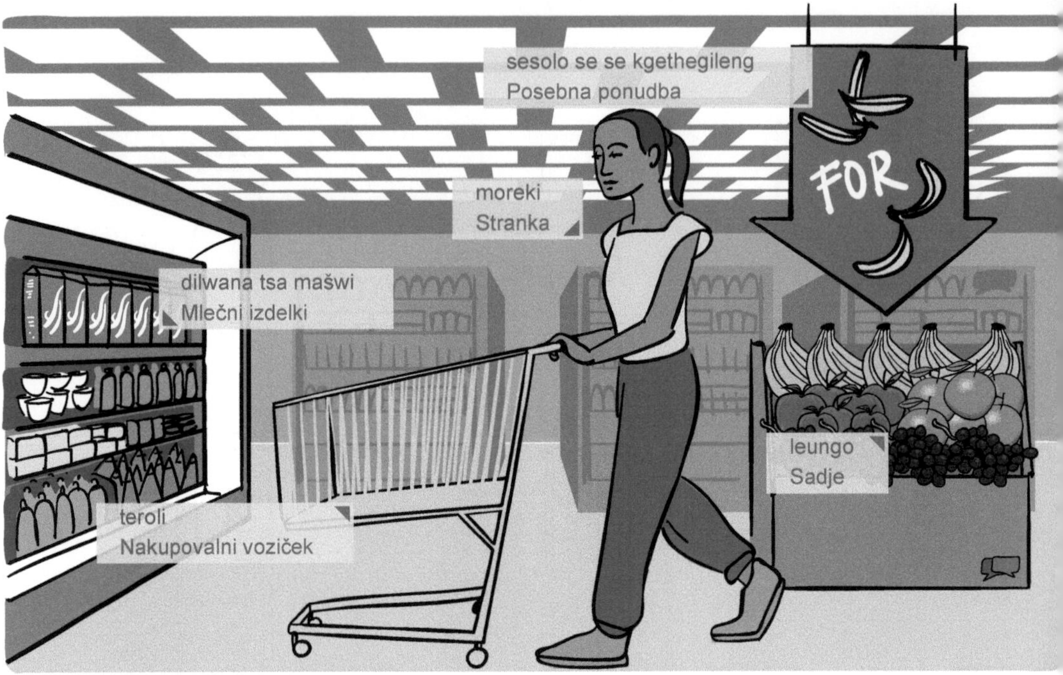

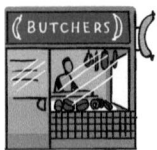

batho ba ba segang nama

Mesnica

BAKERY

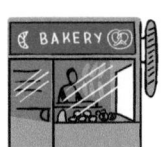

babaki

Pekarna

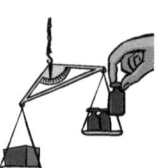

boima

Tehtati

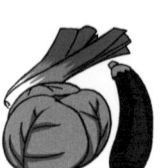

merogo

Zelenjava

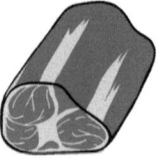

nama

Meso

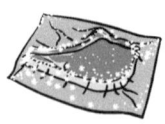

dijo tse di aesitsweng

Zamrznjena hrana

nama e e sa tlhokeng go ¨apewa¨

Hladne mesnine

dijo tsa thini

Konzerve

molora o o tlhatswang

Pralni prašek

dimonamone

Sladkarije

dilwana tsa ntlo

Gospodinjski izdelki

dilwana tsa go phepafatsa

Čistilno sredstvo

morekisi

Prodajalka

motšhini wa madi

Blagajna

morekisi

Blagajnik

lennane la go reka

Nakupovalni seznam

diura tsa go bula

Delovni čas

sepatšhe

Denarnica

arata ya go tsaya sekoloto

Kreditna kartica

kgetsi

Torba

kgetsi ya polasetiki

Plastična vrečka

metsi

Voda

jusi

Sok

mašwi

Mleko

khouku

Kola

beine

Vino

biri

Pivo

bojalwa

Alkohol

khoukhou

Kakav

tee

Čaj

kofi

Kava

esepereso

Espresso

cappuccino

Kapučino

panana

Banana

apole

Jabolko

namune

Pomaranča

legapu

Lubenica

surunamune

Limona

segwete

Korenje

konofole

Česen

lotlhaka lwa bampuse

Bambus

eie

Čebula

mabowa

Goba

manoko

Oreščki

di-noodles

Rezanci

sepagethi

Špageti

raese

Riž

salate

Solata

ditšhipisi

Ocvrt krompirček

ditapole tse di gadikilweng

Pečen krompir

pizza

Pica

hamburger

Hamburger

borotho jo bo tlapisitsweng

Sendvič

nama e e gadikilweng

Zrezek

nama ya kolobe

Šunka

salami

Salama

boroso

Klobasa

koko

Piščanec

gadika

Pečenka

tlhapi

Riba

bogobe jwa outse

Ovseni kosmiči

muesli

Musli

cornflakes

Koruzni kosmiči

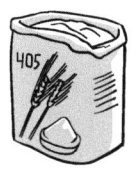

bupi

Moka

croissante

Rogljiček

banse

Žemlja

borotho

Kruh

borotho jo bo besitsweng

Prepečenec

bisikiti

Piškoti

botoro

Maslo

tšhisi

Skuta

kuku

Torta

lee

Jajce

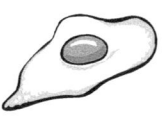

lee le le gadikilweng

Pečeno jajce na oko

kase

Sir

aesekirimi

Sladoled

sukiri

Sladkor

mamepe a dinotshe

Med

jeme

Marmelada

chokolete e e tshasiwang

Čokoladni namaz

khari

Kari

polase
Kmetija

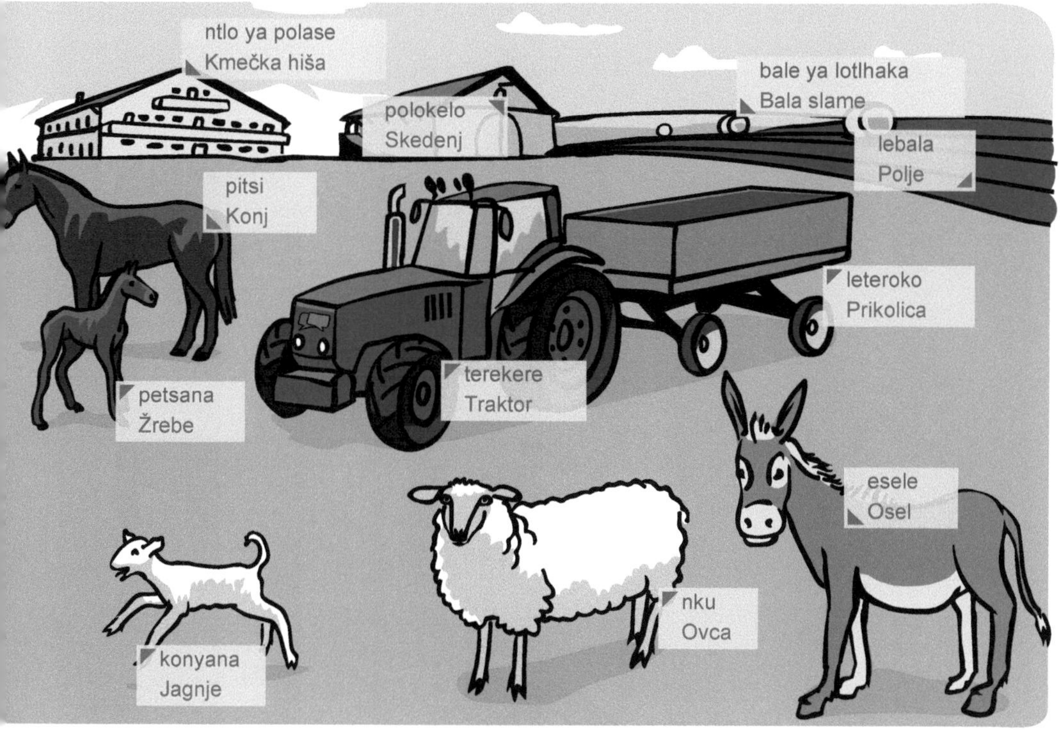
ntlo ya polase
Kmečka hiša
polokelo
Skedenj
bale ya lotlhaka
Bala slame
lebala
Polje
pitsi
Konj
leteroko
Prikolica
terekere
Traktor
petsana
Žrebe
esele
Osel
nku
Ovca
konyana
Jagnje

pudi

Koza

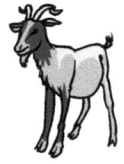

kgomo

Krava

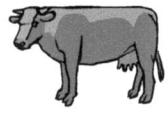

namane

Tele

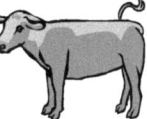

kolobe

Prašič

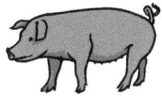

kolojane

Pujsek

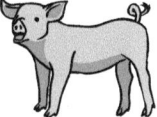

poo

Bik

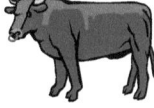

ganse

Gos

pidipidi

Raca

kokwanyana

Piščanec

mokoko

Kokoš

mokoko

Petelin

peba

Podgana

katse

Mačka

peba

Miš

kgomo

Vol

ntša

Pes

ntlo ya ntša

Pasja uta

lethompo la tshingwana

Cev za zalivanje

tanka ya go nosetsa

Kangla za zalivanje

disekele tsa tshipi

Kosa

lema

Plug

disekele

Srp

setlhagola

Motika

foroko ya go peta

Vile

selepe

Sekira

kiribae

Samokolnica

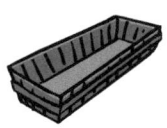

bonwelo

Korito

mašwi a a moteng ga
moteme
Kangla za mleko

kgetsana

Vreča

legora

Ograja

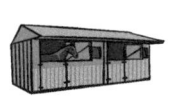

tsepame

Hlev

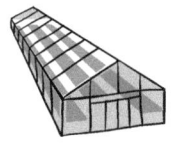

lefelo la go godisa dijalo

Rastlinjak

mmu

Prst

peo

Seme

menyoro

Gnojilo

thobo e e kopaneng

Kombajn

thobo

Žeti

thobo

Žetev

di-yam

Jam

korong

Pšenica

soya

Soja

tapole

Krompir

korong

Koruza

disonobolomo

Oljna ogrščica

setlhare sa maungo

Sadno drevo

cassava

Maniok

dijo tsa phakela

Žito

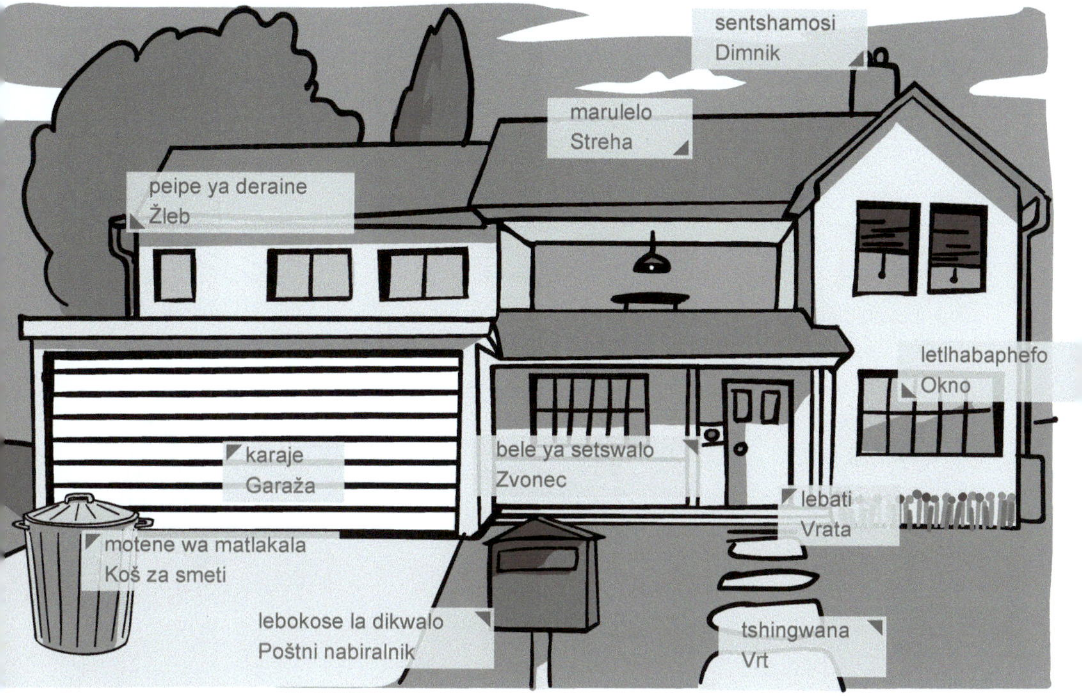

sentshamosi
Dimnik

marulelo
Streha

peipe ya deraine
Žleb

letlhabaphefo
Okno

karaje
Garaža

bele ya setswalo
Zvonec

lebati
Vrata

motene wa matlakala
Koš za smeti

lebokose la dikwalo
Poštni nabiralnik

tshingwana
Vrt

phaposi ya bodulo

Dnevna soba

phaposi ya go tlhapela

Kopalnica

boapeelo

Kuhinja

phaposi ya borobalo

Spalnica

phaposi ya bana

Otroška soba

phaposi ya bojelo

Jedilnica

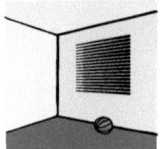

mo fatshe

Tla

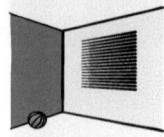

lebota

Stena

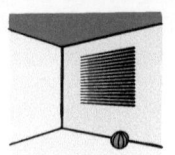

siling

Strop

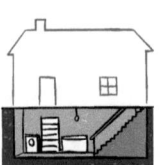

mabolokelo

Klet

se futhumatsa mmele

Savna

mokatako

Balkon

mokgekolosa

Terasa

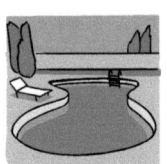

makadiba

Bazen

sedirisiwa sa go sega
bojang
Kosilnica

lakane

Rjuha

kobo

Posteljno pregrinjalo

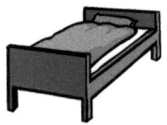

bolao

Postelja

lefielo

Metla

kgamelo

Vedro

switch

Stikalo

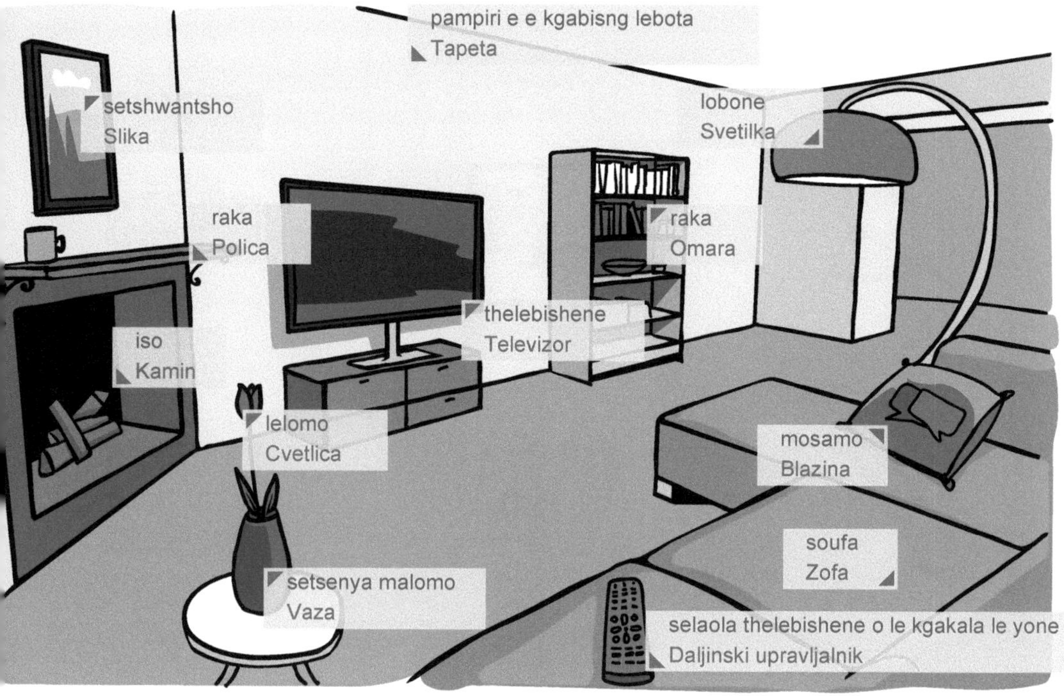

pampiri e e kgabisng lebota
Tapeta

setshwantsho
Slika

lobone
Svetilka

raka
Polica

raka
Omara

iso
Kamin

thelebishene
Televizor

lelomo
Cvetlica

mosamo
Blazina

setsenya malomo
Vaza

soufa
Zofa

selaola thelebishene o le kgakala le yone
Daljinski upravljalnik

mmetshe
Preproga

garetene
Zavesa

tafole
Miza

setulo
Stol

setulo se se binang
Gugalnik

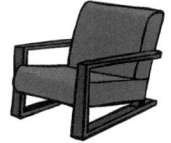

setulo se se naleng boikego
Naslanjač

buka

Knjiga

kobo

Odeja

mokgabiso

Dekoracija

dikgong tsa molelo

Drva

filimi

Film

hi-fi ya go letsa

Glasbeni stolp

selotlolo

Ključ

lokwalodikgang

Časopis

setshwantsho se se
dirilweng ka pente

Slika

pampiri ya go phasalatsa

Plakat

seyalemowa

Radio

buka ya dintla

Beležka

huvara

Sesalnik

motoroko

Kaktus

kerese

Sveča

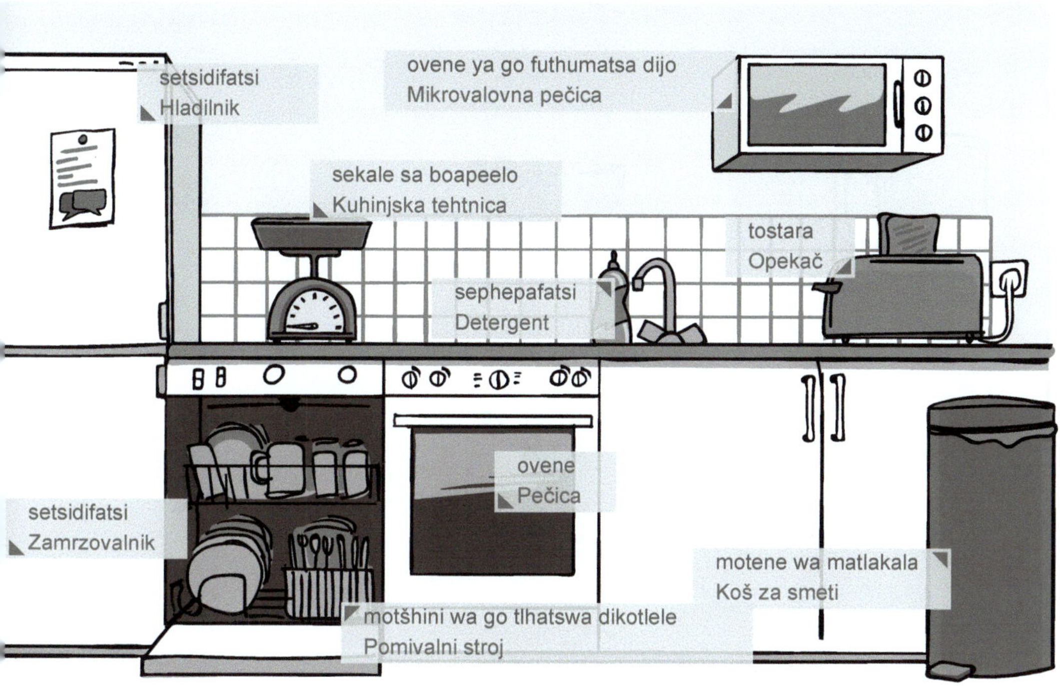

setsidifatsi
Hladilnik

ovene ya go futhumatsa dijo
Mikrovalovna pečica

sekale sa boapeelo
Kuhinjska tehtnica

tostara
Opekač

sephepafatsi
Detergent

ovene
Pečica

setsidifatsi
Zamrzovalnik

motene wa matlakala
Koš za smeti

motšhini wa go tlhatswa dikotlele
Pomivalni stroj

moapei
Kozica

pitsa
Lonec

pitsa ya tshipi
Litoželezni lonec

wok / kadai
Vok / kadai

pane
Ponev

ketlele
Kotliček

sefuthumatsi

Parni kuhalnik

terei ya go baka

Pekač

dintsho

Posoda

kopi

Skodelica

sejana

Skleda

thobane ya go rema

Jedilne paličice

thoka

Zajemalka

sepatšhula

Lopatica

wiskara

Metlica

setereinara

Cedilnik

setlhotlhi

Cedilo

greitara

Strgalo

kika

Možnar

nama ya kgomo

Žar

molelo o o mopepeneneg

Ognjišče

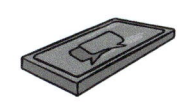

boroto ya go segela

Deska za rezanje

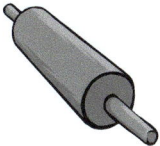

rolara

Valjar

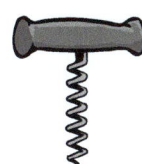

sebula dibotlolo tsa beine

Odpirač za steklenice

moteme

Pločevinka

sebula moteme

Odpirač za konzerve

setshwari sa pitsa

Prijemalka za posodo

sinki

Korito

boratšhe

Ščetka

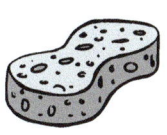

sepontšhe

Goba

setlhakanya dijo / maungo

Mešalnik

setsidifatsi

Zamrzovalna skrinja

botlole ya ngwana

Steklenička

tepe

Pipa

phaposi ya go tlhapela
Kopalnica

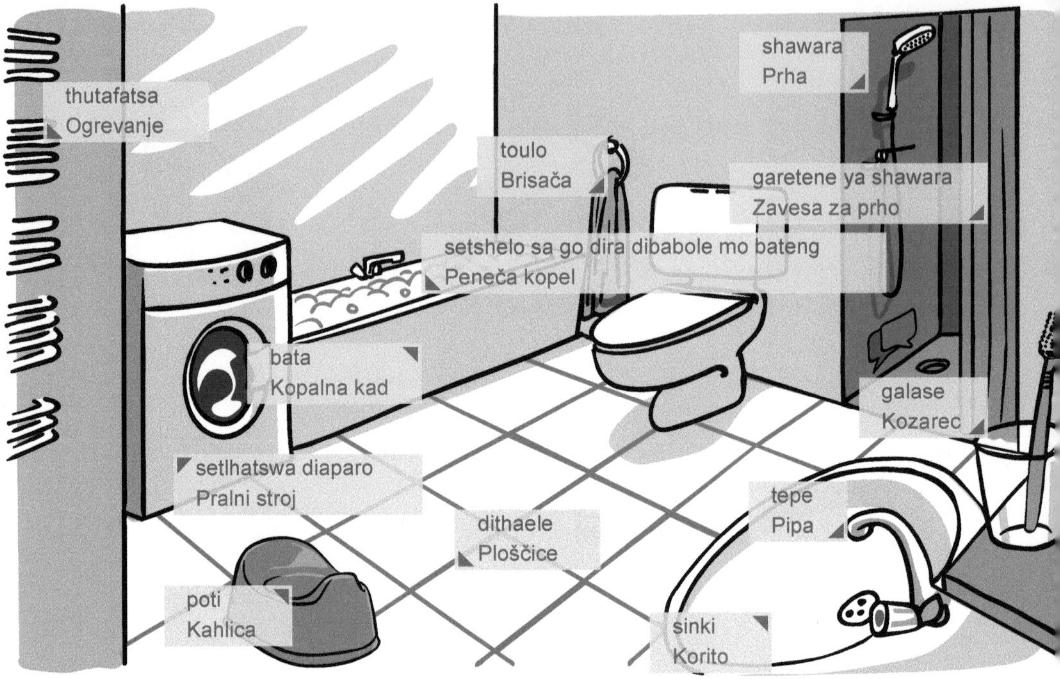

thutafatsa
Ogrevanje
toulo
Brisača
shawara
Prha
garetene ya shawara
Zavesa za prho
setshelo sa go dira dibabole mo bateng
Peneča kopel
bata
Kopalna kad
galase
Kozarec
setlhatswa diaparo
Pralni stroj
tepe
Pipa
dithaele
Ploščice
poti
Kahlica
sinki
Korito

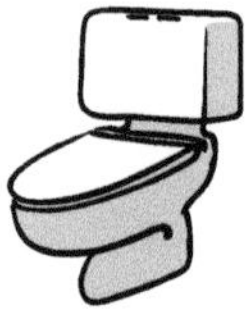

ntlwana

Stranišče

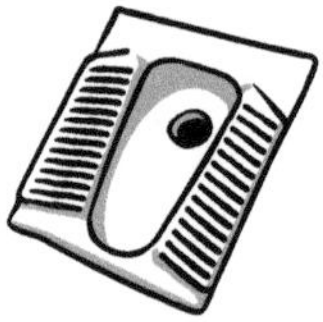

ntlwana ya go kotama

Stranišče na počep

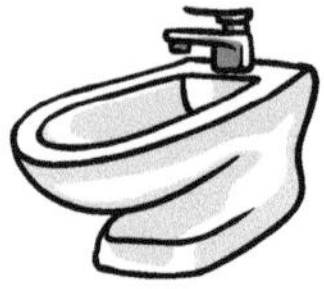

bidete

Bide

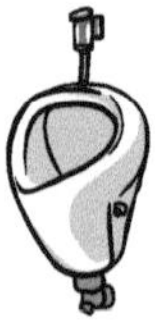

moroto

Pisoar

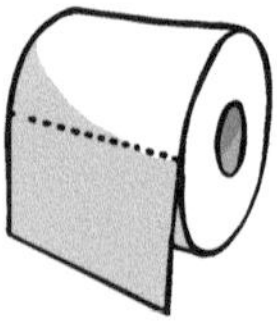

pampiri ya boithomelo

Toaletni papir

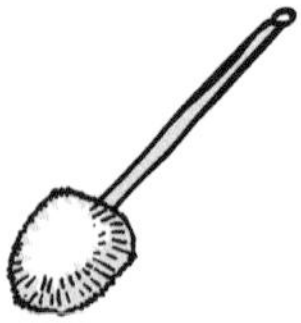

boratšhe jwa ntlwana

Ščetka za straniščno školjko

boratšhe jwa meno

Zobna ščetka

sesepa sa meno

Zobna pasta

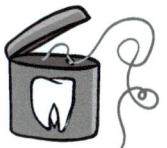

tlhale ya go phepafatsa meno

Zobna nitka

tlhatswa

Umiti se

shawara ya go itshwarela

Ročna prha

senkgisa monate

Prha za intimne dele

beisini

Umivalnik

boratšhe jwa mokwatla

Krtača za hrbet

sesepa

Milo

jele ya shawara

Gel za prhanje

setlhapisa moriri

Šampon

folanele

Krpica za miljenje

mosele

Odtok

setlolo

Krema

senkgamonate

Deodorant

seipone
Ogledalo

seipone sa go itshwarela
Ročno ogledalo

legare
Britvica

foumu ya go ntsha moriri
Pena za britje

foumu ya fa o fetsa go ntsha moriri
Vodica po britju

kama
Glavnik

boratšhe
Ščetka

seomisa moriri
Sušilnik za lase

seporei sa moriri
Lak za lase

seitlole sa sefatlhego
Ličila

setlolo sa molomo
Šminka

pente ya dinala
Lak za nohte

boboa
Vatirane blazinice

sekere sa dinala
Škarjice za nohte

leokwane le le nkgang monate
Parfum

kgetsana ya go tlhatswa
....
Toaletna torbica

setulo
....
Stol brez naslonjala

sekale sa go lekanya
....
Osebna tehtnica

seaparo sa botlhapelo
....
Kopalni plašč

ditlelafo tsa rekere
....
Gumijaste rokavice

tempone
....
Tampon

sedirisiwa sa basadi ba ba
mo kgweding
....
Damski vložki

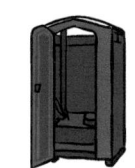

ntlwana ya khemikhale
....
Kemično stranišče

phaposi ya bana
Otroška soba

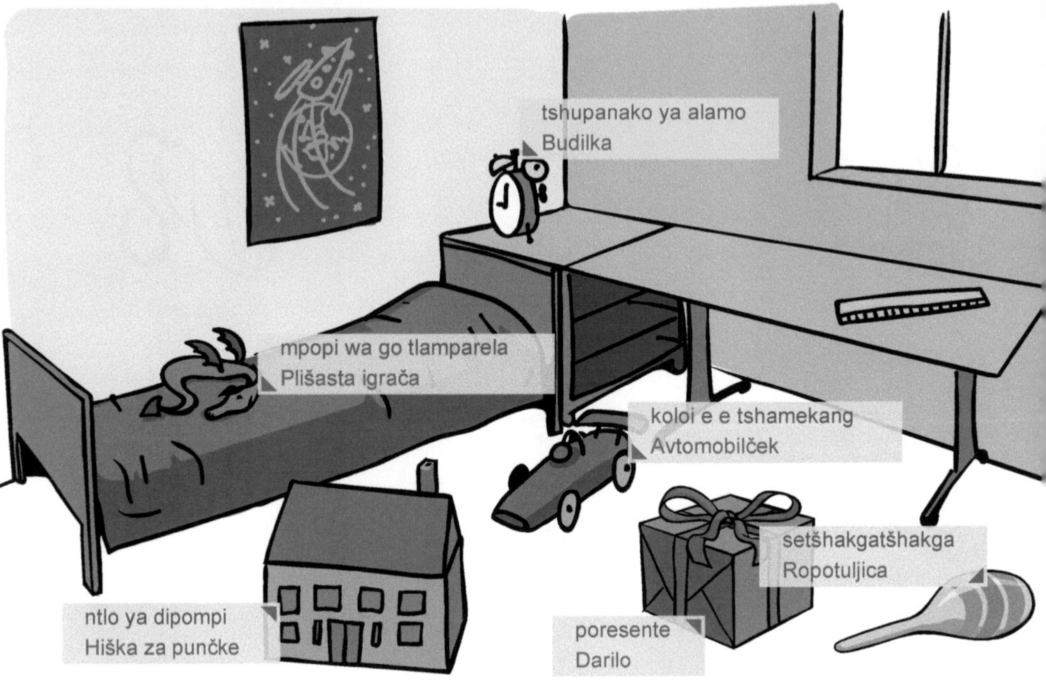
tshupanako ya alamo
Budilka
mpopi wa go tlamparela
Plišasta igrača
koloi e e tshamekang
Avtomobilček
setšhakgatšhakga
Ropotuljica
ntlo ya dipompi
Hiška za punčke
poresente
Darilo

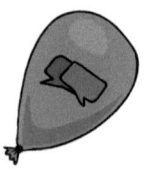

baluni

Balon

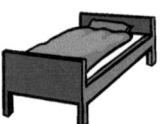

bolao

Postelja

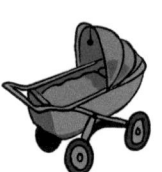

porema

Otroški voziček

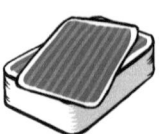

deck of cards

Igralne karte

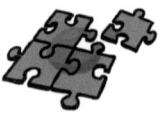

saga ya motlakase

Sestavljanka

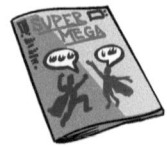

buka ya ditshegisi

Strip

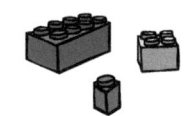

matlapa a go tshameka

Lego kocke

diboloko tse di tshamekang

Igralne kocke

setshwantsho sa motho

Akcijska figura

seaparo sa lesea

Bodi

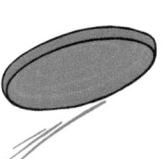

Frisbee

Frizbi

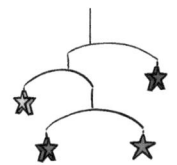

selo sa go letsa mmino mo ditsebeng

Vrtiljak za posteljico

motshameko wa boroto

Namizna igra

daese

Kocka

terena

Komplet modelov vlakov

tami

Duda

moletlo

Zabava

buka ya ditshwantsho

Slikanica

bolo

Žoga

mpopi

Lutka

tshameka

Igrati se

lebala le le naleng santa

Peskovnik

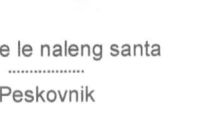

moswinki

Gugalnica

ditshamekisi tsa bana

Igrače

motshameko wa dibidio

Igralna konzola

baesekele ya maotwana a a mararo

Tricikel

bera e e diretsweng go tshamekisa bana

Plišasti medvedek

raka ya go baya diaparo

Garderoba

seaparo

Oblačilo

dikausu

Nogavice

dikausu tsa basadi

Samostoječe nogavice

dithaetse

Hlačne nogavice

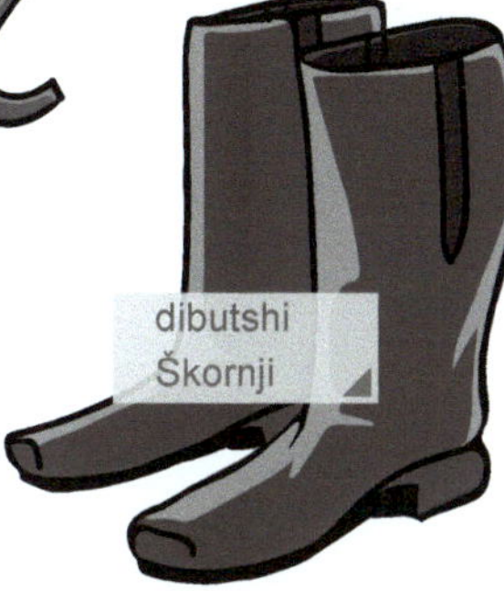

sekhafo
Šal

sekhukhu
Dežnik

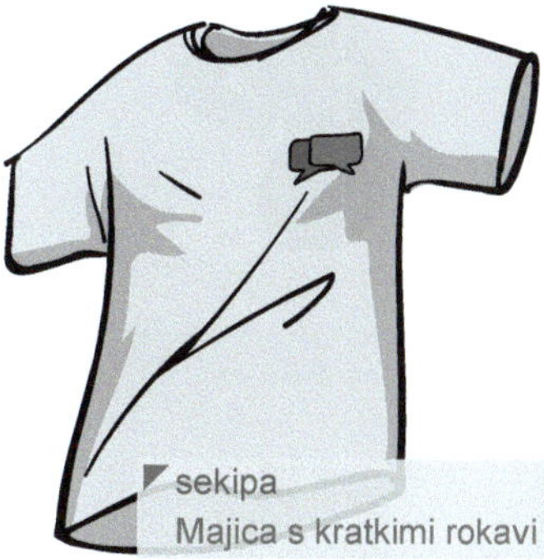

lebante
Pas

sekipa
Majica s kratkimi rokavi

diteki
Športni copati

dibutshi
Škornji

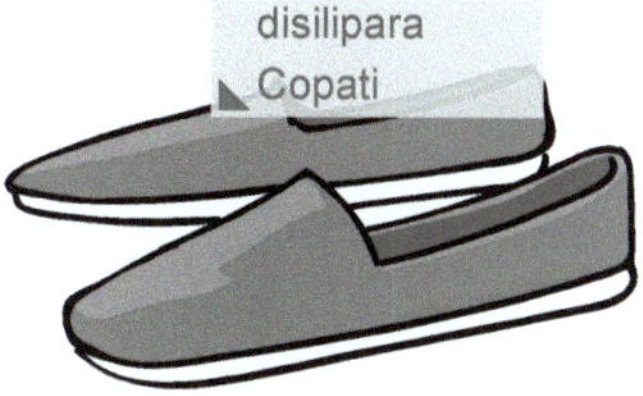

disilipara
Copati

dimphatšhane
Sandali

ditlhako
Čevlji

dibutshi tsa rekere
Gumijasti škornji

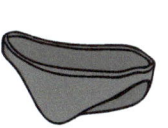

borukgwe jwa kwateng
Spodnje hlače

boraa
Modrček

besete
Telovnik

mmele

Bodi

borukgwe

Hlače

bokate

Kavbojke

sekete

Krilo

bolaose

Bluza

hempe

Srajca

jeresi e e senang matsogo

Pulover

jakete e e enaleng hutshe

Pletena jopica

boleisara

Jopa

jakete

Jakna

jase

Plašč

jase ya pula

Dežni plašč

khosetjhumo

Kostim

mosese

Obleka

mosese wa lenyalo

Poročna obleka

sutu

Obleka

seaparo sa bosigo

Spalna srajca

diaparo tsa go robala

Pižama

sari

Sari

sekhafa sa tlhogo

Naglavna ruta

turban

Turban

burqa

Burka

kaftan

Kaftan

abaya

Abaja

seaparo sa go thuma

Kopalke

diteranka

Kopalne hlače

borukgwe jo bo khutshwane

Kratke hlače

terekesutu

Trenirka

seaparo sa go phephafatsa

Predpasnik

ditlelafo

Rokavice

talama

Gumb

diborele

Očala

sebaga

Zapestnica

sebaga sa mo thamong

Verižica

palamonwana

Prstan

lengena

Uhan

kepisi

Kapa

sepega baki

Obešalnik

hutshe

Klobuk

tae

Kravata

zepe

Zadrga

hutshe ya sethuthuthu

Čelada

ditrata tsa meno

Naramnice

diaparo tsa sekolo

Šolska uniforma

diaparo tsa mmereko /
diaparo tsa sekolo

Uniforma

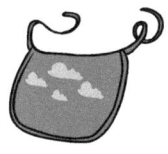

bebe

Slinček

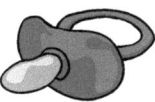

tami

Duda

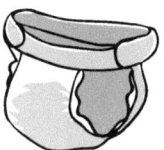

mongato

Plenica

kantoro
Pisarna

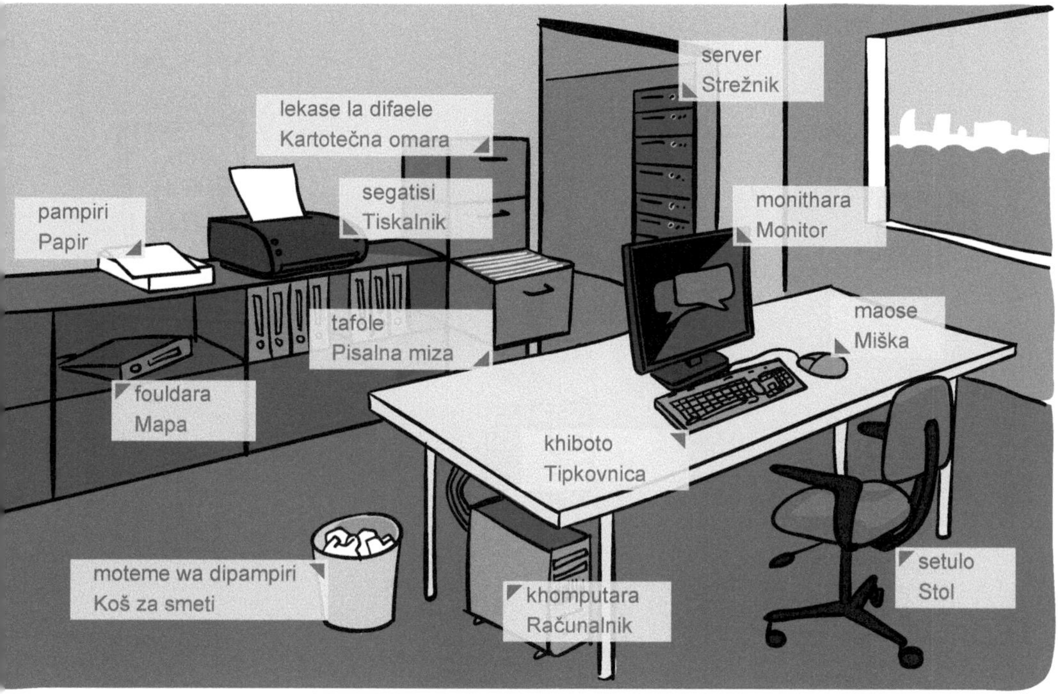

server
Strežnik
lekase la difaele
Kartotečna omara
segatisi
Tiskalnik
pampiri
Papir
monithara
Monitor
maose
Miška
tafole
Pisalna miza
fouldara
Mapa
khiboto
Tipkovnica
moteme wa dipampiri
Koš za smeti
setulo
Stol
khomputara
Računalnik

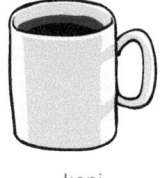

kopi

Lonček za kavo

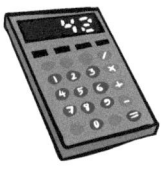

khalkhuleitara

Kalkulator

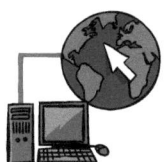

inthanete

Internet

lapothopo

Prenosnik

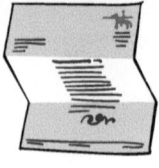

lekwalo

Pismo

molaetsa

Sporočilo

mogala wa letheka

Mobilnik

kgolagano ya megala

Omrežje

segatisa dipampiri

Kopirni stroj

software

Programska oprema

mogala

Telefon

sokete ya polaka

Vtičnica

motšhini wa fekese

Telefaks

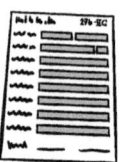

foromo

Obrazec

setlankana

Dokument

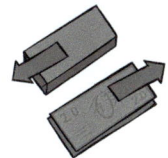

reka
....
Kupiti

patela
....
Plačati

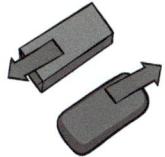

rekisa
....
Trgovati

madi / tšhelete
....
Denar

dolara
....
Dolar

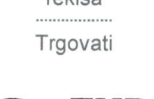

euro
....
Evro

yen
....
Jen

roubele
....
Rubelj

swiss franc
....
Švičarski frank

renminbi yuan
....
Kitajski juan renminbi

rupee
....
Rupija

lefelo la madi
....
Bankomat

kantoro ya go fetola madi

Menjalnica

gauta

Zlato

selefera

Srebro

oli

Nafta

maatla

Energija

tlhwatlhwa

Cena

konteraka

Pogodba

lekgetho

Davek

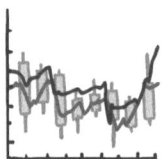

setoko

Delnice

dira

Delati

mothapiwa

Delojemalec

mothapi

Delodajalec

bodirelo

Tovarna

lebenkele

Trgovina

lepodisi
Policist

motimamolelo
Gasilec

moapei
Kuhar

ngaka
Zdravnik

mokgweetsi wa sefofane
Pilot

ratshingwana

Vrtnar

mmetli wa dikgong

Mizar

moroki

Šivilja

moatlhodi

Sodnik

moitse wa melemo

Kemik

modiragatsi

Igralec

mokgweetsi wa bese

Voznik avtobusa

mokgweetsi wa tekisi

Taksist

motshwari wa ditlhapi

Ribič

Mme yo o phepafatsang

Čistilka

moruledi

Krovec

weitara

Natakar

motsumi

Lovec

motaki

Pleskar

mmesi wa senkgwe

Pek

ramotlakase

Električar

moagi

Gradbenik

moenjenere

Inženir

mosegi wa nama

Mesar

motsenyi wa diphaepe tsa metsi

Vodovodni inštalater

motsamaisa poso

Poštar

leshole

Vojak

modiri wa dipolane

Arhitekt

morekisi

Blagajnik

morekisi wa malomo

Cvetličar

mokgabisamoriri

Frizer

kondactara

Sprevodnik

mokheneke

Mehanik

mokapeteine

Kapitan

ngaka ya meno

Zobozdravnik

Rasaense

Znanstvenik

moruti

Rabin

imam

Imam

moitlami

Menih

moruti

Duhovnik

didiriswa
Orodje

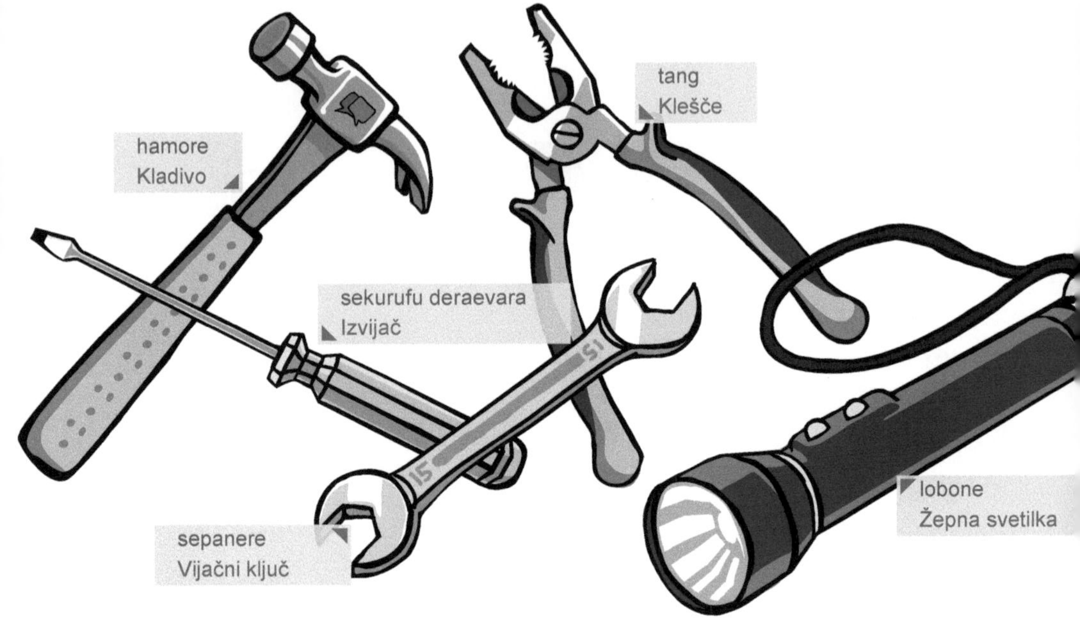

hamore
Kladivo
tang
Klešče
sekurufu deraevara
Izvijač
sepanere
Vijačni ključ
lobone
Žepna svetilka

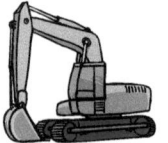

moepi

Bager

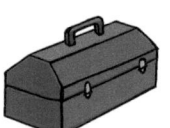

bokoso ya didirisiwa

Zaboj z orodjem

lere

Lestev

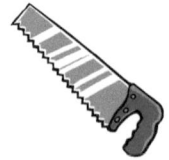

saga

Žaga

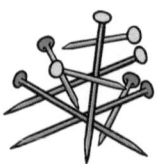

dipekere

Žeblji

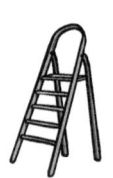

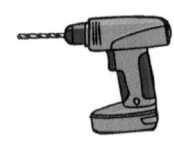

sebori

Vrtalnik

baakanya

Popraviti

garawe

Lopata

ijaa!

Šment!

seolela matlakala

Smetišnica

pitsa ya pente

Posoda z barvo

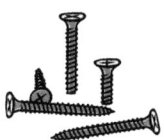

sekurufu

Vijaki

didirisiwa tsa mmino
Glasbeni instrument

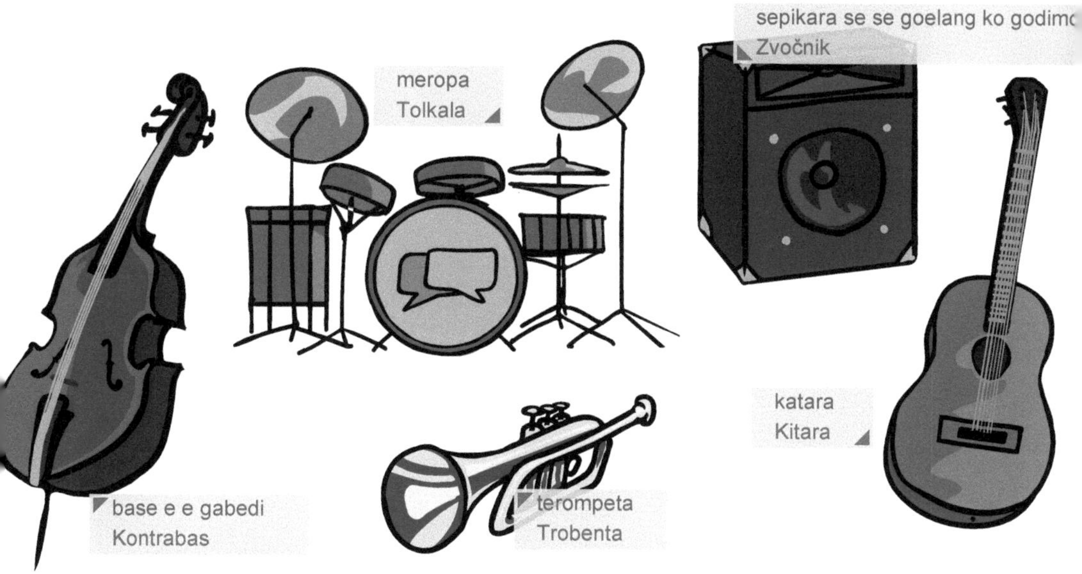

meropa
Tolkala

sepikara se se goelang ko godimo
Zvočnik

katara
Kitara

base e e gabedi
Kontrabas

terompeta
Trobenta

piano
....
Klavir

bayolini
....
Violina

base
....
Bas kitara

timpane
....
Pavke

meropa
....
Bobni

khiboto
....
Sintetizator

sekesofone
....
Saksofon

phala
....
Flavta

sebuela godimo
....
Mikrofon

lefelo la go bonela diphologolo

Živalski vrt

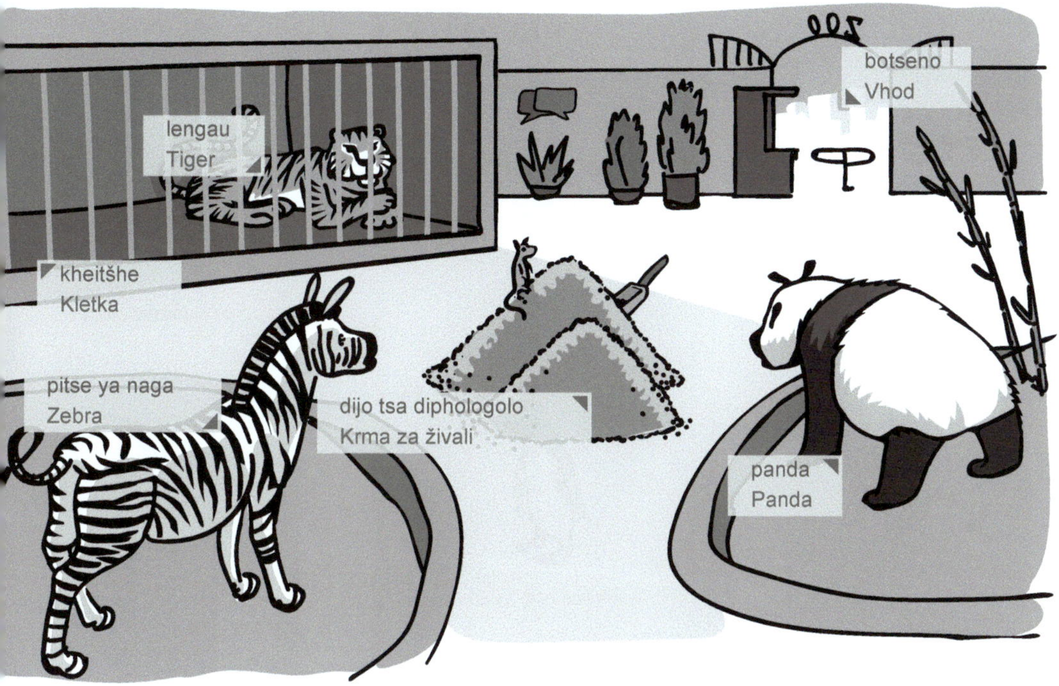

ZOO
botseno
Vhod
lengau
Tiger
kheitšhe
Kletka
pitse ya naga
Zebra
dijo tsa diphologolo
Krma za živali
panda
Panda

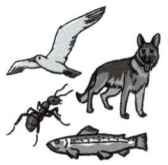

diphologolo

Živali

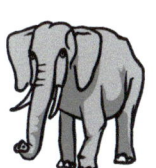

tlou

Slon

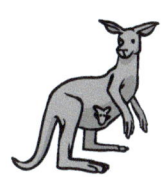

dikhankaruu

Kenguru

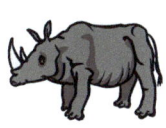

tshukudu

Nosorog

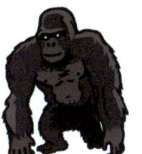

tshweni

Gorila

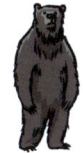

bera

Medved

kamela

Kamela

kalakune

Noj

tau

Lev

tshwene

Opica

flamingo

Plamenec

papalagae

Papagaj

bera e e dulang ko lefelong
le le tsididi thata

Severni medved

nonyane tsa lewatle

Pingvin

leruarua

Morski pes

phikoko

Pav

noga

Kača

kwena

Krokodil

motlhokomedi wa
diphologolo
Oskrbnik v živalskem vrtu

sili

Tjulenj

katse

Jaguar

petsana

Poni

lengau

Leopard

tshukudu

Povodni konj

thutlwa

Žirafa

ntsu

Orel

dikolobe tsa naga

Divji prašič

tlhapi

Riba

khudu

Želva

walrus

Mrož

ntja ya naga

Lisica

tshephe

Gazela

kgwele ya dinao ya Amerika
Ameriški nogomet

motshameko wa baesekele
Kolesarjenje

tenese
Tenis

baseketebolo
Košarka

thuma
Plavanje

hockey ya mo aeseng
Hokej

motshameko wa go lwa ka diatla
Boks

kgwele ya dinao
....
Nogomet

badminthone
....
Badminton

atletiki
....
Atletika

kgwele ya diatla
....
Rokomet

skiing
....
Smučanje

polo
....
Polo

didirwa
Dejavnosti

tlola
Skočiti
tlamparela
Objeti
tshega
Smejati se
tsamaya
Hoditi
opela
Peti
lora
Sanjati
rapela
Moliti
atla
Poljubiti

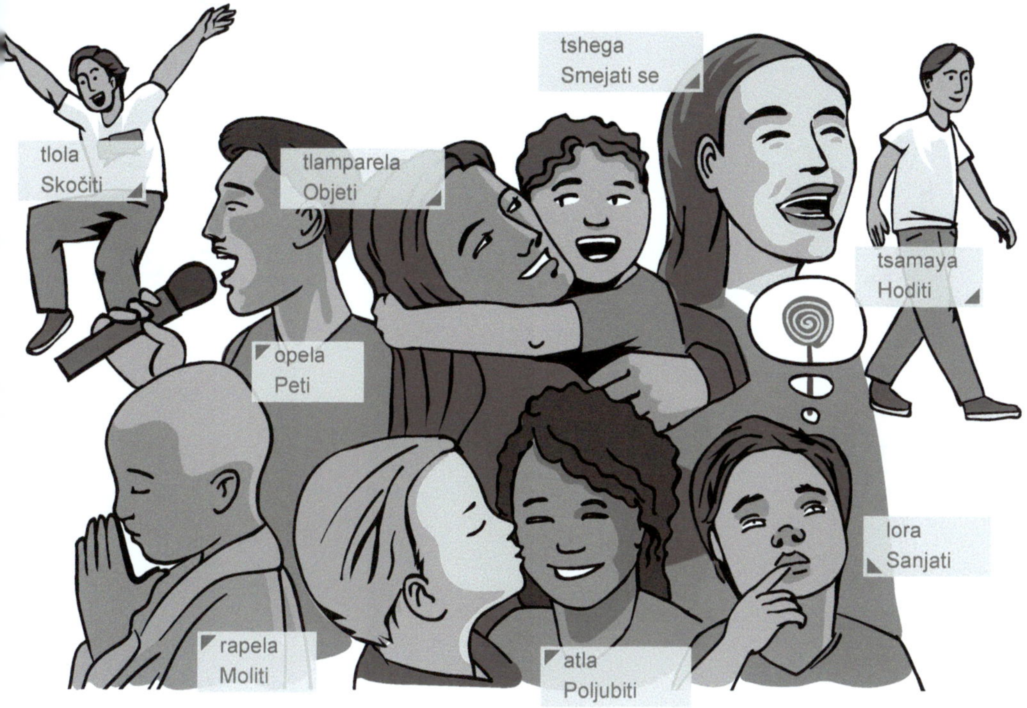

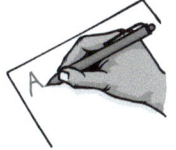

kwala
....
Pisati

torowa
....
Risati

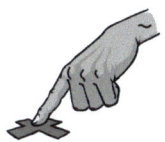

bontsha
....
Pokazati

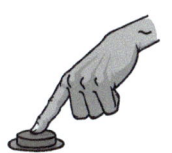

kgorometsa
....
Potisniti

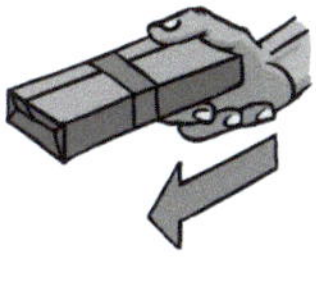

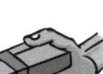

naya
....
Dati

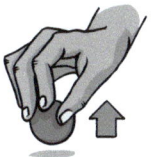

tsaya
....
Vzeti

go nna

Imeti

dira

Narediti

nna

Biti

ema

Stati

taboga

Teči

goga

Vleči

latlha

Vreči

wa

Pasti

maaka

Ležati

ema

Čakati

tsholetsa

Nositi

dula

Sedeti

apara

Obleči se

robala

Spati

tsoga

Zbuditi se

leba

Gledati

lela

Jokati

thuma ka lemorago

Božati

kama

Česati se

bua

Govoriti

tlhaloganya

Razumeti

botsa

Vprašati

reetsa

Poslušati

nwa

Piti

ja

Jesti

phepafatsa

Pospraviti

lorato

Ljubiti

apaya

Kuhati

kgweetsa

Voziti

fofa

Leteti

seila

Jadrati

khalkhuleitara

Računanje

bala

Brati

ithute

Učiti se

dira

Delati

nyala

Poročiti se

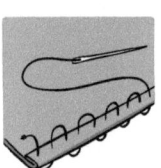

roka

Šivati

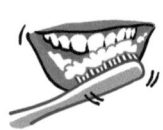

tlhapa meno

Ščetkati si zobe

bolaya

Ubiti

tsuba

Kaditi

romela

Poslati

lelapa
Družina

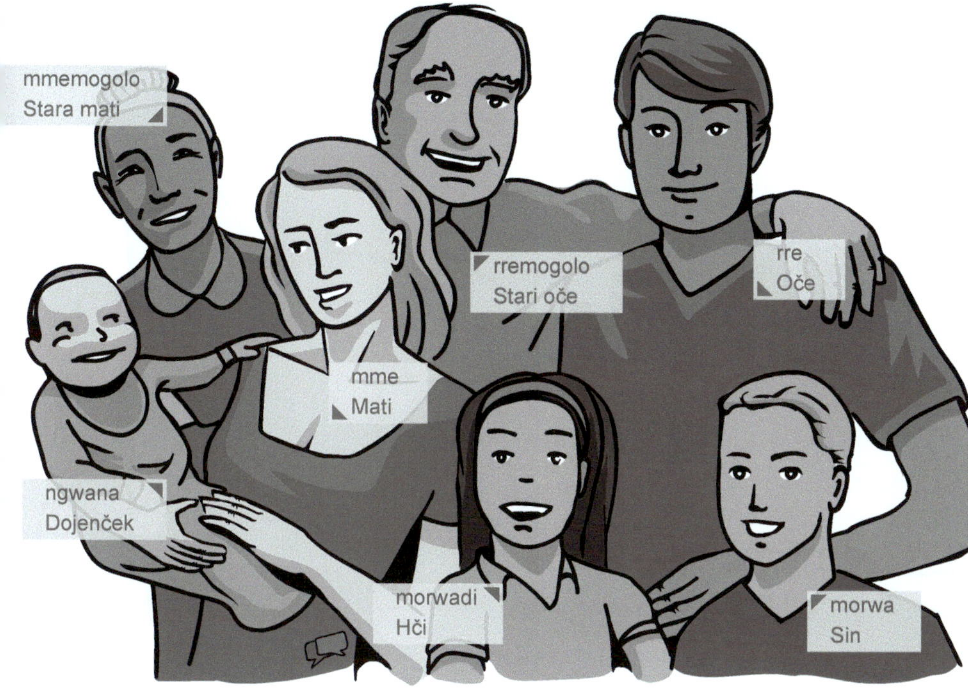

mmemogolo
Stara mati
rremogolo
Stari oče
rre
Oče
mme
Mati
ngwana
Dojenček
morwadi
Hči
morwa
Sin

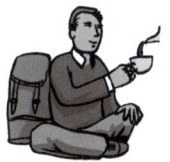

moeng
Gost

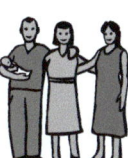

mmangwane
Teta

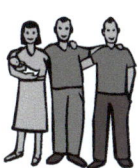

malome
Stric

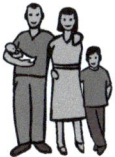

abuti
Brat

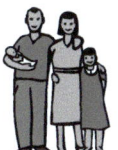

ausi
Sestra

mmele

Telo

phatlha
Čelo
leitlho
Oko
legetla
Rama
monwana
Prst
sefatlhego
Obraz
seledu
Brada
seatla
Dlan
leoto
Noga
letsele
Prsi
letsogo
Roka

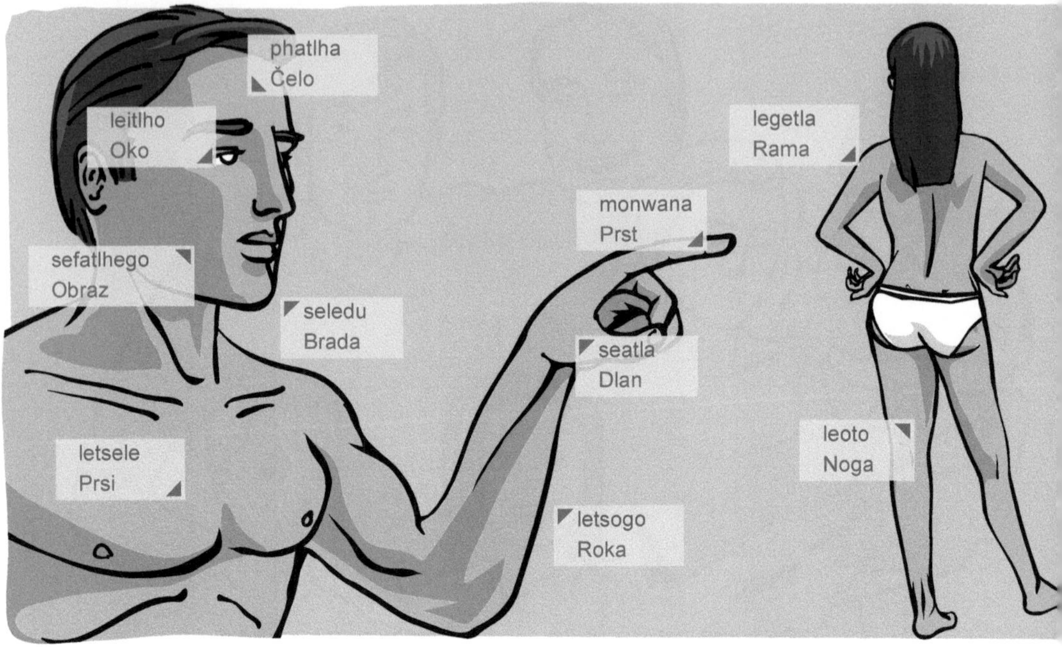

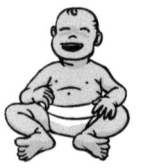

ngwana

Dojenček

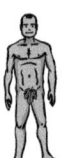

monna

Človek

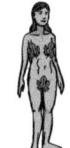

mosadi

Ženska

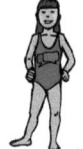

mosetsana

Dekle

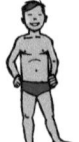

mosimane

Fant

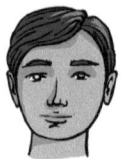

tlhogo

Glava

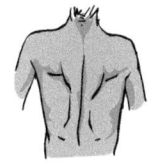

mokwatla

Hrbet

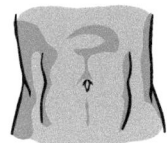

mpa

Trebuh

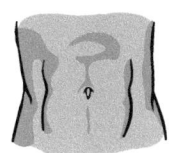

khubu

Popek

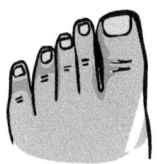

monwana

Prst na nogi

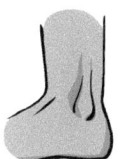

serethe

Peta

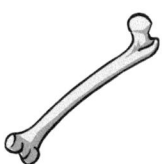

lerapo

Kost

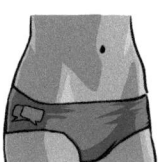

letheka

Kolk

lengole

Koleno

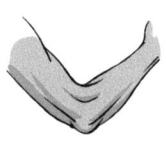

sekgono

Komolec

nko

Nos

ko tlase

Zadnjica

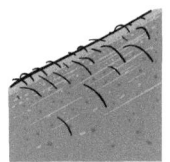

letlalo

Koža

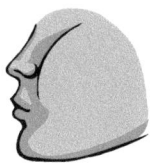

lerama

Lice

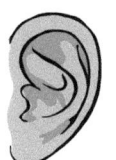

tsebe

Uho

pounama

Ustnica

mmele - Telo

molomo

Usta

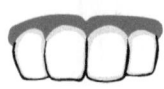

leino

Zob

loleme

Jezik

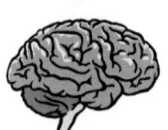

boboko

Możgani

pelo

Srce

maatla

Mišica

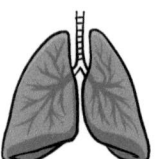

lekgwafo

Pljuča

sebete

Jetra

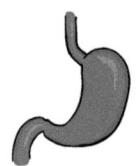

mala

Želodec

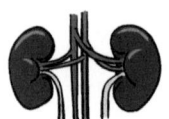

diphio

Ledvice

bong

Spolni odnos

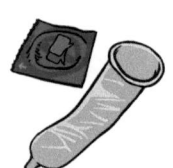

mosomelwana

Kondom

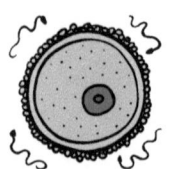

sebelegi sa ngwana

Jajčece

semen

Semenska tekočina

moimana

Nosečnost

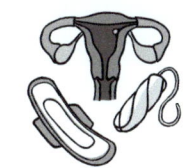

dinako tsa go tla ka kgwedi
tsa basadi
....
Menstruacija

serwe sa mosadi
....
Vagina

serwe sa monna
....
Penis

dintshi
....
Obrv

moriri
....
Lasje

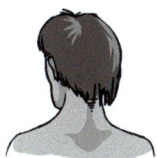

thamo
....
Vrat

sepetlele
Bolnišnica

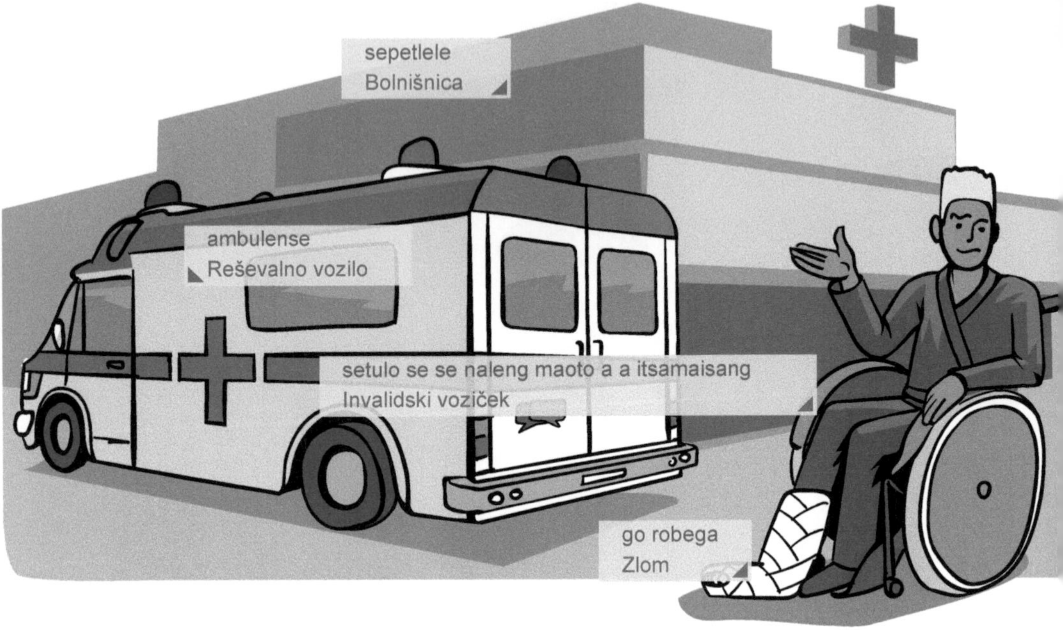

sepetlele
Bolnišnica
ambulense
Reševalno vozilo
setulo se se naleng maoto a a itsamaisang
Invalidski voziček
go robega
Zlom

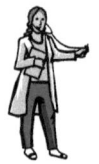

ngaka

Zdravnik

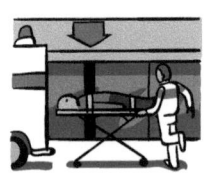

phaphosi ya tshoganyetso

Urgenca

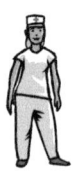

mooki

Medicinska sestra

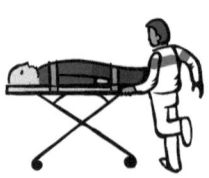

tshoganyetso

Nujni primer

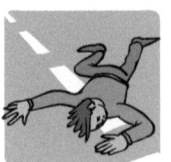

idibala

Nezavesten

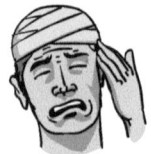

setlhabi

Bolečina

kgobalo
....
Poškodba

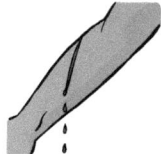

go dutla madi
....
Krvavenje

tlhaselo ya pelo
....
Srčni infarkt

setorouko
....
Kap

bolwetsi
....
Alergija

go gotlhola
....
Kašelj

fulu
....
Vročina

fulu
....
Gripa

letshololo
....
Driska

opiwa ke tlhogo
....
Glavobol

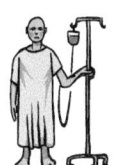

kankere
....
Rak

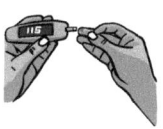

sukiri ya mmele
....
Sladkorna bolezen

moari
....
Kirurg

sekalepele
....
Skalpel

karo
....
Operacija

CT

CT

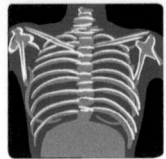

x-ray

Rentgen

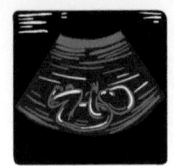

motšhini wa go leba mo mpeng

Ultrazvok

sesira sefatlhego

Obrazna maska

twatsi

Bolezen

phaposi boletelo

Čakalnica

dithobane

Bergla

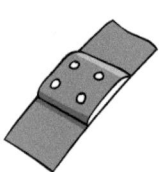

polasetara

Obliž

sefapho

Preveza

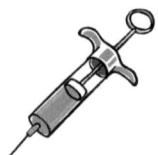

lemao

Injekcija

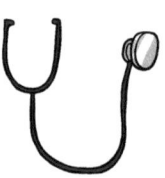

setetosekoupu

Stetoskop

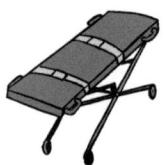

seteretšhara

Nosila

themometara ya bongaka

Klinični termometer

pelegi

Porod

bokima jwa mmele

Prekomerna teža

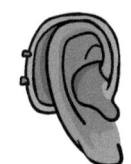

sedirisiwa sa go thusa go utlwa

Slušni pripomoček

sesireletsa dintho

Razkužilo

tshwaetso

Okužba

mogare

Virus

HIV / AIDS

HIV / AIDS

melemo

Medicina

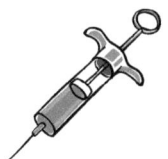

mokento

Cepljenje

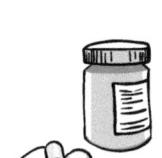

thabolete

Tablete

pilisi

Tableta

mogala wa tshoganyetso

Klic v sili

motšhini wa go ela tlhoko kgatelelo ya madi

Merilnik krvnega tlaka

lwala / itekanetse

bolano / zdravo

Thusa!

Na pomoč!

alamo

Alarm

tshotlako

Napad

tlhasela

Napad

kotsi

Nevarnost

kgoro ya tshoganyetso

Izhod v sili

Molelo!

Gori!

setima moleleo

Gasilni aparat

kotsi

Nezgoda

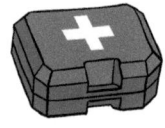

khiti ya go thusa ka dikgobalo

Komplet za prvo pomoč

SOS

SOS

lepodisi

Policija

Yuropa

Evropa

Bokone jwa Amerika

Severna Amerika

Borwa jwa Amerika

Južna Amerika

Aforika

Afrika

Asia

Azija

Australia

Avstralija

Atlantic

Atlantski ocean

Pacific

Tihi ocean

Lewatle la India

Indijski ocean

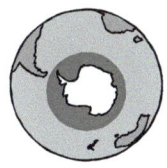

Lewatle la Antarctic

Južni ocean

Lewatle la Arctic

Arktični ocean

Bokone

Severni tečaj

Borwa

Južni tečaj

Antartica

Antarktika

Lefatshe

Zemlja

lefatshe

Kopno

lewatle

Morje

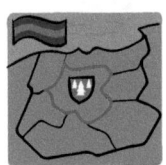

losi lwa lewatle

Otok

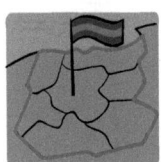

lotso

Narod

boemo

Država

lentle la tshupanako

Številčnica

letsogo la ura

Urni kazalec

letsogo la metsotso

Minutni kazalec

letsogo la metsotswana

Sekundni kazalec

ke nako mang?

Koliko je ura?

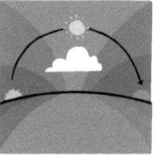

letsatsi

Dan

nako

Čas

go ne jaanong

Zdaj

tshupanako ya dijithale

Digitalna ura

metsotso

Minuta

ura

Ura

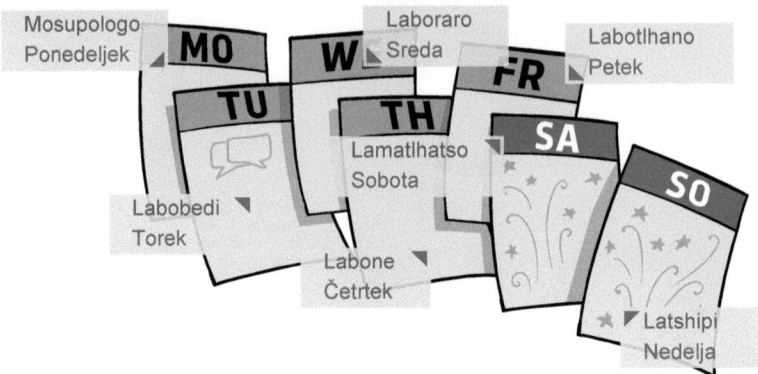

Mosupologo
Ponedeljek — MO

W — Laboraro
Sreda

Labotlhano
Petek

TU

TH

FR

SA

SO

Labobedi
Torek

Lamatlhatso
Sobota

Labone
Četrtek

Latshipi
Nedelja

maabane

Včeraj

gompieno

Danes

kamoso

Jutri

moso

Jutro

thapama

Poldne

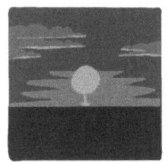

maitseboa

Večer

MO	TU	WE	TH	FR	SA	SU
1	2	3	4	5	6	7
8	9	10	11	12	13	14
15	16	17	18	19	20	21
22	23	24	25	26	27	28
29	30	31	1	2	3	4

malatsi a tiro

Delovni dnevi

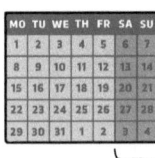

MO	TU	WE	TH	FR	SA	SU
1	2	3	4	5	6	7
8	9	10	11	12	13	14
15	16	17	18	19	20	21
22	23	24	25	26	27	28
29	30	31	1	2	3	4

mafelo a beke

Konec tedna

pula
Dež

motshe wa badimo
Mavrica

letlhwa
Sneg

phefo
Veter

dikgakologo
Pomlad

letlhafula
Jesen

selemo
Poletje

mariga
Zima

4.APRIL	11°	☀
5.APRIL	4°	🌦
6.APRIL	13°	🌦
7.APRIL	8°	❄
8.APRIL	10°	☀

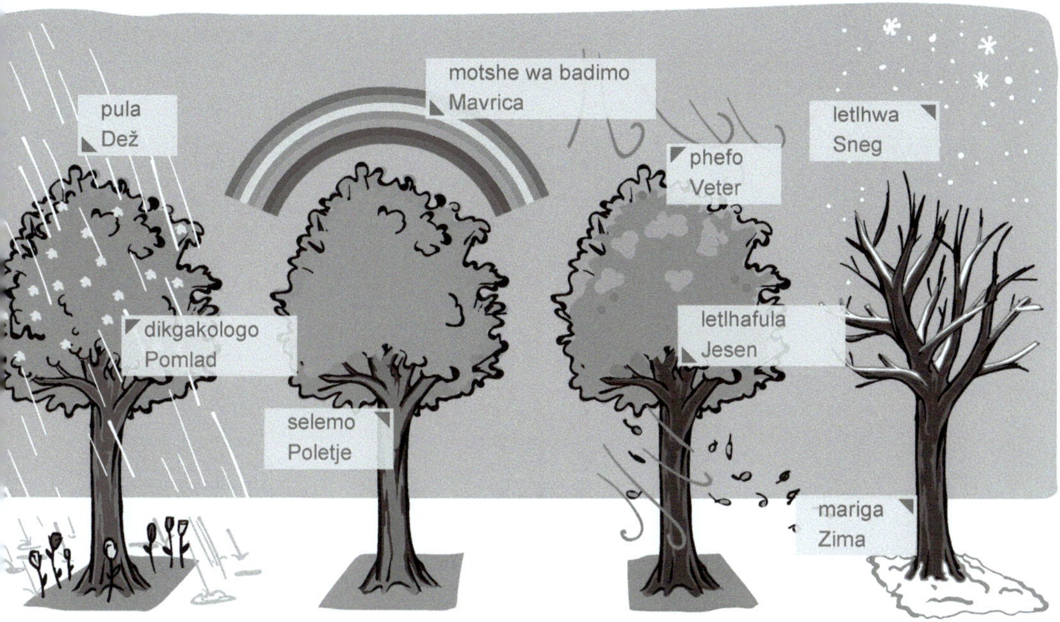

botsogo jwa loapi

Vremenska napoved

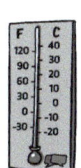

themomithara

Termometer

letsatsi

Sončna svetloba

leru

Oblak

mouwane

Megla

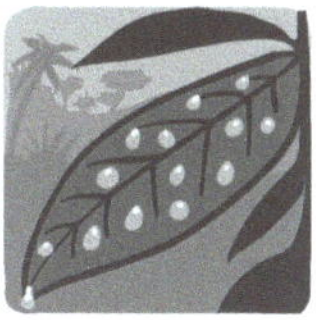

humidity

Vlažnost

legadima
....
Strela

modumo wa maru
....
Grom

matsubutsubu
....
Nevihta

sefako
....
Toča

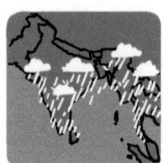

monsoon
....
Monsun

morwalela
....
Poplava

aese
....
Led

Ferikgong
....
Januar

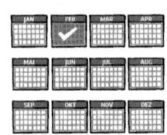

Tlhakole
....
Februar

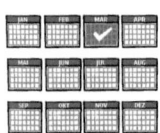

Mopitlwe
....
Marec

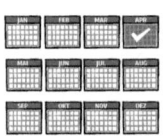

Moranang
....
April

Motsheganong
....
Maj

Seetebosigo
....
Junij

Phukwi
....
Julij

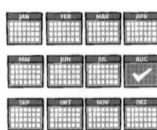

Phatwe
....
Avgust

Lwetse
September

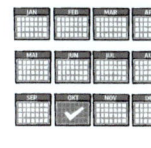

Diphalane
Oktober

Ngwanaatsele
November

Sedimonthole
December

dipopego
Oblike

kgolokwe
Krogla

khutlonne
Kvadrat

khutlonnetsepa
Pravokotnik

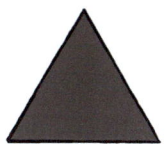

khutlotharo
Trikotnik

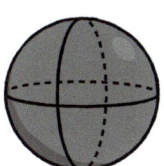

khutlo
Krogla

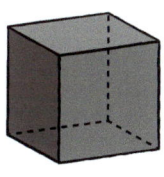

khiubu
Kocka

tshweu

Bela

serolwana

Rumena

mmala wa namune

Oranžna

pinki

Rožnata

khibidu

Rdeča

bohibidu jo bo mokgona

Vijolična

pududu

Modra

tala

Zelena

tshetlha

Rjava

tshetlha

Siva

ntsho

Črna

go le gontsi / go nnye

veliko / malo

go kwata / go ritibala

jezno / umirjeno

montle / maswe

lepo / grdo

tshimologo / bofelo

začetek / konec

tonna / nnyane

veliko / majhno

lesedi / lefifi

svetlo / temno

abuti / ausi

brat / sestra

phepa / leswe

čisto / umazano

feletse / go sa felela

popolno / nepopolno

motshegare / bosigo

dan / noč

o sule / o a tshela

mrtvo / živo

bophara / tshesane

široko / ozko

ya jega / ga e jege

užitno / neužitno

bosula / molemo

zlobno / prijazno

go itumela thata / go se itumele

vznemirjeno / zdolgočaseno

nonne / tshesane

debelo / vitko

ntlha / bofelo

prvo / zadnje

tsala / sera

prijatelj / sovražnik

tletse / lolea

polno / prazno

thata / bonolo

trdo / mehko

bokete / motlhofo

težko / lahko

tlala / lenyora

lakota / žeja

lwala / itekanetse

bolano / zdravo

dumelesega / dumeletswe

nezakonito / zakonito

botlhale / sematla

pametno / neumno

molema / moja

levo / desno

gaufi / kgakala

blizu / daleč

sesha / ya kgale

novo / rabljeno

sepe / sengwe

nič / nekaj

mogolo / mosha

staro / mlado

tsenya / tima

vklopljeno / izklopljeno

bula / tswetswe

odprto / zaprto

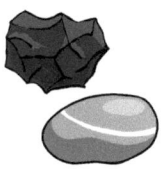

tidimalo / modumo

tiho / glasno

khumo / lehuma

bogato / revno

siame / phoso

prav / narobe

ditlhotlhori / borethe

grobo / gladko

hutsafetse / itumetse

žalostno / veselo

khutshwane / telele

kratko / dolgo

bonya / bonako

počasi / hitro

metsi / omile

mokro / suho

mololo / tsididi

toplo / hladno

ntwa / kagiso

vojna / mir

0	**1**	**2**
lefela	nngwe	pedi
Ničla	Ena	Dva

3	**4**	**5**
tharo	nne	tlhano
Tri	Štiri	Pet

6	**7**	**8**
thataro	supa	robedi
Šest	Sedem	Osem

9	**10**	**11**
robonngwe	lesome	some nngwe
Devet	Deset	Enajst

12

some pedi

Dvanajst

13

some tharo

Trinajst

14

some nne

Štirinajst

15

some tlhano

Petnajst

16

some thataro

Šestnajst

17

some supa

Sedemnajst

18

some robedi

Osemnajst

19

some robonngwe

Devetnajst

20

masomamabedi

Dvajset

100

lekgolo

Sto

1.000

sekete

Tisoč

1.000.000

milione

Milijon

Sejatlhapi

Angleščina

Sejatlhapi sa Amerika

Ameriška angleščina

se-China

Mandarinščina

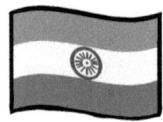

se-Hindi

Hindujščina

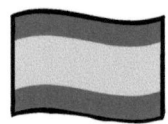

se-Spanish

Španščina

se-For a

Francoščina

se-Araba

Arabščina

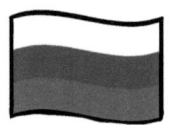

se-Russia

Ruščina

se-Potokisi

Portugalščina

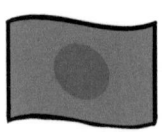

se-Bengali

Bengalščina

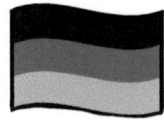

se-Jeremane

Nemščina

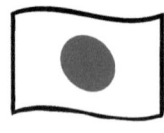

se-Japane

Japonščina

Nna

Jaz

wena

Ti

ene / ene / sone

On / ona / tisto

re

Mi

wena

Vi

bone

Oni

mang?

Kdo?

eng?

Kaj?

jang?

Kako?

kae?

Kje?

leng?

Kdaj?

leina

Ime

mo morago

Zadaj

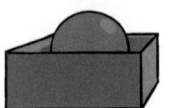

mo

V

fa pele ga

Pred

godimo

Nad

mo

Na

fa tlase

Pod

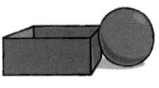

mo thoko

Poleg

magareng

Med

lefelo

Kraj